초등 교과서
한자

KB121659

초등교과서 한자

박두수 지음

송진섭·이병호·강혜정 선생님 추천

중앙에듀북스

안녕하세요? 박두수입니다.

❗ 한자는 왜 공부해야만 할까요?

- 한자는 세계 인구의 26%가 사용하는 동양권의 대표문자입니다.
- 우리말의 70% 이상을 차지하고 있는 것이 한자어입니다.

❗ 한자를 잘하면 왜 공부를 잘하게 될까요?

- 한자는 풍부한 언어 문자 생활과 다른 과목의 학습을 도와주는 역할을 합니다.
- 중학교 1학년 기본 10개 교과목에 2,122자의 한자와 약 14만 번의 한자어가 나옵니다.
- 한자 표기를 통한 학습을 통해서 43%가 학업 성적이 향상되었습니다.

❗ 쓰기 및 암기 위주의 한자 학습, 이제 바뀌어야 합니다.

한자는 만들어진 원리를 생각하며 학습하면 쉽게 익힐 수 있습니다.

예	休(쉴 휴) = 亻(사람 인) + 木(나무 목) 　　사람(亻)이 햇빛을 피해서 나무(木)에 기대어 쉰다는 뜻입니다.

"선생님! 해도 해도 안 돼요. 한자가 너무 어려워요."

이렇게 말하면서 울먹이던 어린 여학생의 안타까운 눈망울을 바라보며 '어떻게 하면 한자를 쉽게 익힐 수 있을까?' 오랜 시간 기도하며 연구하였습니다.

부디 《초등 학습 한자》가 한자와 친해지는 계기가 되고, 여러분의 한자 공부에 많은 도움이 되기를 진심으로 기도합니다.

오랫동안 한자를 가르쳐 주신 아버지 박영 훈장님과 주야로 기도해 주신 어머니 송숙희 권사님, 그리고 《초등 학습 한자》가 출간될 수 있도록 도움을 주신 모든 분들께 진심으로 사랑과 감사의 뜻을 전합니다.

박두수 올림

부수도 모르고 한자를 공부한다구요?

1. 처음 한글을 어떻게 배우는지 생각해 보세요.

한글은 먼저 자음과 모음을 배우고 자음과 모음을 결합해서 글자를 배웁니다. 한글은 자음과 모음이 기본입니다.

2. 또 영어는 처음에 무엇부터 배우는지 생각해 보세요.

영어는 먼저 알파벳을 배우고 알파벳을 결합해서 단어를 배웁니다. 영어는 알파벳이 기본입니다.

3. 그런데 한자는 부수도 모르고 배운다구요?

한자는 부수가 기본입니다. 한자는 부수를 결합하여 만든 글자입니다.

4. 다음의 한자를 익혀 보세요.

間(사이 간), 問(물을 문), 聞(들을 문), 閉(닫을 폐), 開(열 개), 閑(한가할 한), 閣(집 각), 關(빗장 관)

어때요? 잘 외워지지도 않고 또 외웠다 하더라도 모양이 비슷해서 많이 헷갈리지요? 그래서 한자는 무조건 외우는 것이 아닙니다.

5. 그럼 한자는 어떻게 공부해야 할까요?

한자는 무조건 쓰면서 외우는 것이 아닙니다. 한자는 만들어진 원리가 있습니다. 한자는 부수를 결합해서 만든 글자입니다. 그러니 한글의 자음과 모음처럼, 또 영어의 알파벳처럼 한자는 부수부터 공부해야 합니다.

6. 이제는 부수를 이용해서 이렇게 공부해 볼까요?

間(사이 간) = 門(문 문) + 日(해 일)　　　문(門) 사이로 햇빛(日)이 들어오니

問(물을 문) = 門(문 문) + 口(입 구)　　　문(門)에 대고 입(口) 벌려 물으니

聞(들을 문) = 門(문 문) + 耳(귀 이)　　　문(門)에 귀(耳)를 대고 들으니

閉(닫을 폐) = 門(문 문) + 才(재주 재)　　고장 난 문(門)을 재주껏(才) 닫으니

왜 초등 학습 한자 부수일 수밖에 없는가?

1. 기존 214자의 부수를 160자로 새로 정리하였습니다.

모양이 비슷한 부수는 통합하고, 잘 쓰이지 않는 부수는 제외하였습니다.

2. 부수의 뜻과 음을 새로 정리하였습니다.

● 一은 그동안 **하나**라는 뜻으로만 알고 있었습니다. 그러나 이 책에서는 一(한 일, 하늘 일, 땅 일)이라는 뜻으로 새로 정리하였습니다.

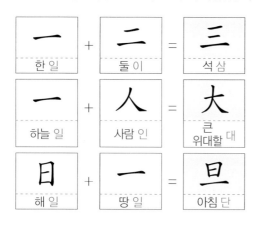

하나(一) 더하기 둘(二)은? 셋

하늘(一)과 통하는 **사람(人)**은 지위가 크고 위대하다는 뜻입니다.

해(日)가 땅(一) 위로 떠오를 때는 아침이니

● 二도 그동안 **둘**이라는 뜻으로만 알고 있었습니다. 그러나 이 책에서는 二(둘 이, 하늘땅 이)라는 뜻으로 새로 정리하였습니다.

하늘땅(二)의 많은 생물 중에서 걷는 **사람(儿)**이 으뜸이니

3. 새로운 모양의 부수를 발견하여 정리하였습니다.

이 책에서는 그동안 우리가 몰랐던 부수를 새로 발견하여 정리하였습니다.

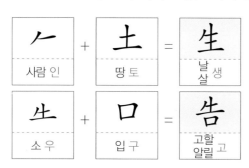

사람(丿)은 땅(土)에서 태어나 살아간다는 뜻입니다.

신에게 소(坐)를 제물로 바치고 입(口)으로 소원을 고하여 알린다는 뜻입니다.

초등 학습 한자를 왜 출간하게 되었는가?

1. 우리나라 초등학생들의 국어 어휘실력이 부족하여 원활한 의사소통은 물론 교과서에 나오는 단어의 뜻조차도 잘 모른다고 합니다. 우리말의 70% 이상이 한자어이며, 중학교 1학년 교과서에 약 14만 번의 한자어가 나오고, 한자 표기를 통한 학습을 통해서 43%가 학업 성적이 향상된 결과로 보아 한자는 꼭 배워야 합니다.

2. 한자는 무려 10만자가 넘는다고 합니다. 이 중에서 초등학생이 몇 글자를 배우고 또 어떤 글자를 배워야 하는지 기준이 없습니다. 그리고 2019년부터 초등학교 5, 6학년 교과서에 한자 병기를 합니다.

3. 현재 초등학생이 꼭 알아야 할 한자와 또 초등학생의 눈높이에 알맞은 한자교재가 없습니다.

4. 그래서 한자를 담당하는 선생님은 성인용 한자 교재를 선정하거나 여러 교재를 조합하여 한자를 가르치고 있는 것이 현실입니다.

초등 학습 한자의 특징	❶ 초등학교 전 학년의 모든 교과서를 분석하고, 또 일상생활에서 자주 사용하는 한자어를 선별하여 초등학생이 꼭 알아야 할 한자를 선정하였습니다. ❷ 한자를 쉽고 재미있게 익히기 위하여 새로운 뜻과 새로운 모양의 부수 160자를 정리하였습니다. ❸ 한자를 외우지 않고 이해할 수 있도록 부수를 이용해서 이야기 식으로 풀어서 설명하였습니다. ❹ 기존의 복잡하고 어려운 한자를 쓰는 순서와 달리 이해하기 쉽고, 쓰기 편하게 필순을 바꿨습니다. ❺ 초등학생의 눈높이에 맞추어서 한자를 쉽게 풀이했습니다. ❻ 중학생이 되기 전 또는 중학생이라면 기본적으로 꼭 알아야 할 한자어를 포함하고 있습니다.

읽기? 뜻, 음을 가리고 읽어본 후 틀린 글자는 V표 하세요.
한자를 가리고 써본 후 틀린 글자는 V표 하세요. 쓰기?

읽기 1	읽기 2	한자	부수	뜻	음	쓰기 1	쓰기 2
		示	示	신	시		
		社	示	모일	사		
		祝	示	빌	축		
		視	見	살필	시		
		禁	示	금할	금		
		介	人	낄	개		
		界	田	경계	계		
		非	非	아닐	비		
		悲	心	슬플	비		
		功	力	공	공		
		立	立	설	립		
		童	立	아이	동		
		音	音	소리	음		
		意	心	뜻	의		
		億	亻	억	억		

읽기 1	읽기 2	한자	부수	뜻	음	쓰기 1	쓰기 2
		章	立	글	장		
		支	支	가를	지		
		技	扌	재주	기		
		投	扌	던질	투		
		事	亅	일	사		
		兒	儿	아이	아		
		光	儿	빛	광		
		元	儿	으뜸	원		
		完	宀	완전할	완		
		院	阝	집	원		
		所	戶	곳	소		
		近	辶	가까울	근		
		新	斤	새	신		
		親	見	어버이	친		
		勿	勹	없앨	물		

읽기? 뜻, 음을 가리고 읽어본 후 틀린 글자는 V표 하세요.
한자를 가리고 써본 후 틀린 글자는 V표 하세요. 쓰기?

읽기 1	읽기 2	한자	부수	뜻	음	쓰기 1	쓰기 2
		寺	寸	절	사		
		等	竹	무리	등		
		時	日	때	시		
		待	彳	기다릴	대		
		特	牛	특별할	특		
		物	牛	물건	물		
		才	才	재주	재		
		材	木	재목	재		
		財	貝	재물	재		
		算	竹	셈	산		
		衣	衣	옷	의		
		表	衣	겉	표		
		袁	衣	옷 챙길	원		
		遠	辶	멀	원		
		園	囗	동산	원		

읽기 1	읽기 2	한자	부수	뜻	음	쓰기 1	쓰기 2
		行	行	다닐	행		
		街	行	거리	가		
		知	矢	알	지		
		短	矢	짧을	단		
		失	大	잃을	실		
		令	人	명령할	령		
		命	口	명령할	명		
		冷	冫	찰	랭		
		領	頁	거느릴	령		
		順	頁	순할	순		
		根	木	뿌리	근		
		銀	金	은	은		
		限	阝	한정	한		
		恨	忄	한	한		
		班	王	나눌	반		

읽기? 뜻, 음을 가리고 읽어본 후 틀린 글자는 V표 하세요
한자를 가리고 써본 후 틀린 글자는 V표 하세요. 쓰기?

읽기 1	읽기 2	한자	부수	뜻	음	쓰기 1	쓰기 2
		求	水	구할	구		
		球	王	공	구		
		救	攵	구원할	구		
		改	攵	고칠	개		
		放	攵	놓을	방		
		數	攵	셈	수		
		乍	丿	잠깐	사		
		作	亻	지을	작		
		昨	日	어제	작		
		別	刂	나눌	별		
		由	田	까닭	유		
		油	氵	기름	유		
		曲	曰	굽을	곡		
		農	辰	농사	농		
		豊	豆	풍성할	풍		

읽기 1	읽기 2	한자	부수	뜻	음	쓰기 1	쓰기 2
		禮	示	예도	례		
		體	骨	몸	체		
		書	日	글	서		
		晝	日	낮	주		
		畫	田	그림	화		
		紙	糸	종이	지		
		線	糸	줄	선		
		結	糸	맺을	결		
		終	糸	마칠	종		
		級	糸	등급	급		
		約	糸	맺을	약		
		的	白	과녁	적		
		系	糸	이어 맬	계		
		孫	子	손자	손		
		末	木	끝	말		

읽기? 뜻, 음을 가리고 읽어본 후 틀린 글자는 V표 하세요
한자를 가리고 써본 후 틀린 글자는 V표 하세요. **쓰기?**

읽기		한자	부수	뜻	음	쓰기	
1	2					1	2
		果	木	열매	과		
		課	言	부과할	과		
		束	木	묶을	속		
		速	辶	빠를	속		
		恒	忄	항상	항		

읽기		한자	부수	뜻	음	쓰기	
1	2					1	2
		直	目	곧을	직		
		植	木	심을	식		
		登	癶	오를	등		
		發	癶	쏠	발		
		星	日	별	성		

1

示
볼
신 시

二 + 小
하늘땅 이   작을 소

하늘땅(二)에서 일어나는 **작은**(小) 일도 살펴보는 신

示

- 示訓(시훈) : 보여 가르침
- 示現(시현) : 나타내 보임

2

社
모일 사

示 + 土
신 시   땅 토

신(示)들이 **땅**(土)에 모이니

社

- 社內(사내) : 회사의 안
- 社交(사교) : 여러 사람이 모여 사귐

3

빌
축하할 **축**

示 + 兄
신 시   형 형

신(示)에게 형(兄)이 소원을 비니

祝

- 祝天(축천) : 하늘에 빎
- 祝客(축객) : 축하하기 위하여 온 손님

4

살필 **시**

示 + 見
신 시   볼 견

신(示)이 보아(見) 살피니

視

- 正視(정시) : 똑바로 봄
- 視力(시력) : 물체의 존재나 형상을 인식하는 눈의 능력

5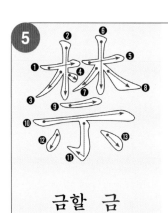

금할 금

 +
수풀 림   볼 시

 숲(林)은 **보기만**(示) 할 뿐 출입을 금하니
*숲을 보호하기 위하여 출입을 금한다는 뜻입니다.

禁						

- 禁止(금지) : 금하여 못하게 함
- 禁食(금식) : 일정 기간 동안 음식을 먹지 않음

알림마당

알맞게 연결하세요.

示 ·

社 ·

祝 ·

視 ·

禁 ·

· 모일 사

· 빌 축

· 금할 금

· 신 시

· 살필 시

낙서판

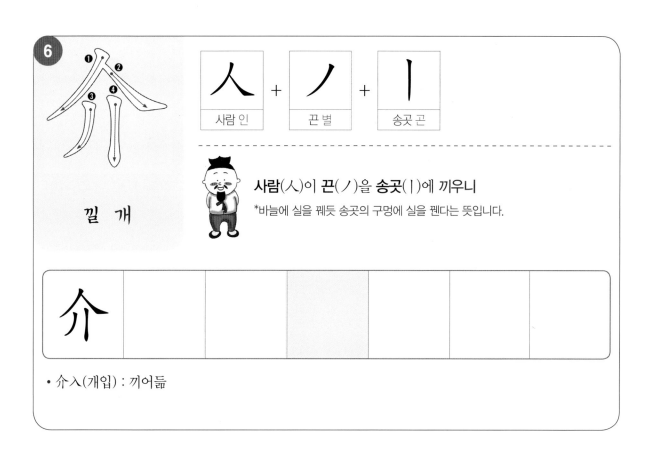

6

끨 개

人 + ノ + ｜

사람 인 　 끈 별 　 송곳 곤

사람(人)이 **끈**(ノ)을 **송곳**(｜)에 **끼우니**
*바늘에 실을 꿰듯 송곳의 구멍에 실을 꿴다는 뜻입니다.

介

• 介入(개입) : 끼어듦

7

경계 계
세계

田 + 介

밭 전 　 끨 개

밭(田) 사이에 **끼어**(介) 있는 **경계**
*밭과 밭 사이에 경계가 끼어 있죠?

界

• 界面(계면) : 경계를 이루는 면
• 學界(학계) : 학문의 세계

8

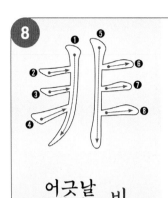

어긋날
아닐 비

 새의 두 날개가 엇갈려 있는 모양으로 '어긋나다, 아니다'라는
뜻이 됨

非						

- 非心(비심) : 나쁜 마음
- 非人(비인) : 사람답지 못한 사람

9

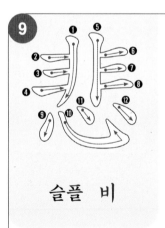

슬플 비

非 + 心
아닐 비   마음 심

 뜻대로 **아니**(非)되면 **마음**(心)이 슬프니
*일이 뜻대로 안 되어 마음이 슬프다는 뜻입니다.

悲						

- 悲樂(비락) : 슬픔과 즐거움
- 苦悲(고비) : 괴로움과 슬픔

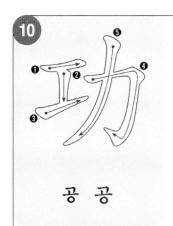

10

공 공

工	+	力
만들 공		힘 력

무엇인가를 **만드는**(工) 일에 **힘**(力)써 세운 공

*공 : 어떤 일을 하는 데에 들인 힘이나 노력

功						

• 大功(대공) : 큰 공적
• 功名(공명) : 공을 세워 이름을 떨침

알림마당

알맞게 연결하세요.

낙서판

介 •

界 •

非 •

悲 •

功 •

• 아닐 비

• 공공

• 낄 개

• 경계 계

• 슬플 비

♣ 한자 밑에 뜻과 음을 쓰고, 옆 (　　)에는 알맞은 부수를 쓰세요.

示 (　　　　　　)	**하늘땅**(　　)에서 일어나는 **작은**(　　) 일도 살펴보는 신
社 (　　　　　　)	**신**(　　)들이 **땅**(　　)에 모이니
祝 (　　　　　　)	**신**(　　)에게 **형**(　　)이 소원을 비니
視 (　　　　　　)	**신**(　　)이 **보아**(　　) 살피니
禁 (　　　　　　)	**숲**(　　)은 **보기만**(　　) 할 뿐 출입을 금하니
介 (　　　　　　)	**사람**(　　)이 **끈**(　　) 을 **송곳**(　　)에 끼우니
界 (　　　　　　)	**밭**(　　) 사이에 **끼어**(　　) 있는 경계
非 (　　　　　　)	새의 두 날개가 엇갈려 있는 모양으로 '**어긋나다, 아니다**'라는 뜻이 됨
悲 (　　　　　　)	뜻대로 **아니**(　　)되면 **마음**(　　)이 슬프니
功 (　　　　　　)	무엇인가를 **만드는**(　　) 일에 **힘**(　　)써 세운 공

♣ 숫자 순서대로 부수를 결합하여 한자를 만들고 옆에 뜻과 음을 쓰세요.

①示 ②土 ③兄 ④見 ⑤林

1. ① =

2. ① + ② =

3. ① + ③ =

4. ① + ④ =

5. ⑤ + ① =

①介 ②田 ③非 ④心 ⑤工 ⑥力

6. ① =

7. ② + ① =

8. ③ =

9. ③ + ④ =

10. ⑤ + ⑥ =

示 訓

示 現

社 內

社 交

祝 天

祝 客

正 視

視 力

禁 止

禁 食

介 入

界 面

學 界

非 心

非 人

悲 樂

苦 悲

大 功

功 名

♣ 다음 한자어를 한자로 쓰세요.

볼 시 가르칠 훈	

볼 시 나타날 현	

모일 사 안 내	

모일 사 사귈 교	

빌 축 하늘 천	

축하할 축 손님 객	

바를 정 살필 시	

살필 시 힘 력	

금할 금 그칠 지	

금할 금 먹을 식	

낄 개 들 입	

경계 계 얼굴 면	

배울 학 세계 계	

어긋날 비 마음 심	

아닐 비 사람 인	

슬플 비 즐거울 락	

괴로울 고 슬플 비	

큰 대 공 공	

공 공 이름 명	

21

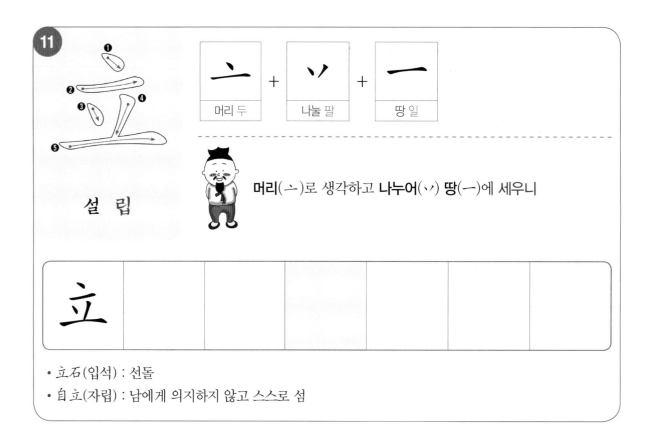

11

설 립

二 (머리 두) + 丷 (나눌 팔) + 一 (땅 일)

머리(二)로 생각하고 **나누어**(丷) **땅**(一)에 세우니

立						

- 立石(입석) : 선돌
- 自立(자립) : 남에게 의지하지 않고 스스로 섬

12

아이 동

立 (설 립) + 里 (마을 리)

서(立) **마을**(里)에서 뛰어노는 **아이**

*어른들은 들에 나가서 일하고 마을에 남은 아이들이 뛰어논다는 뜻입니다.

童						

- 童心(동심) : 어린아이의 마음
- 學童(학동) : 글방에서 글을 배우는 아이

立 설립 + **日** 말할 왈

소리 음

서(立) 말(日)하여 소리 지르니

音

• 高音(고음) : 높은 소리
• 淸音(청음) : 맑고 깨끗한 소리

音 소리 음 + **心** 마음 심

뜻 의

소리(音)쳐 마음(心)의 뜻을 전하니

意

• 同意(동의) : 같은 의미
• 意見(의견) : 어떤 대상에 대하여 가지는 생각

15

億

억 억

人(사람 인) + 意(뜻 의)

사람(人)의 뜻(意)은 억 수로 많으니
*사람은 각기 달라서 생각하는 것이 다양하다는 뜻입니다.

億					

• 億萬(억만) : 억과 만
• 億年(억년) : 1억 년

알림마당

알맞게 연결하세요.

立 •　　　• 아이 동

童 •　　　• 억 억

音 •　　　• 뜻 의

意 •　　　• 설 립

億 •　　　• 소리 음

낙서판

16 글 장

音 소리음 + 十 열십

소리(音)를 열(十) 마디씩 끊어 읽도록 지은 글

章

• 文章(문장) : 생각, 느낌, 사상 등을 글로 표현한 것

17 가를 줄 지

十 열십 + 又 또우

열(十) 개씩 또(又) 갈라 주니

支

• 支分(지분) : 잘게 나눔
• 支給(지급) : 돈이나 물품 따위를 내줌

25

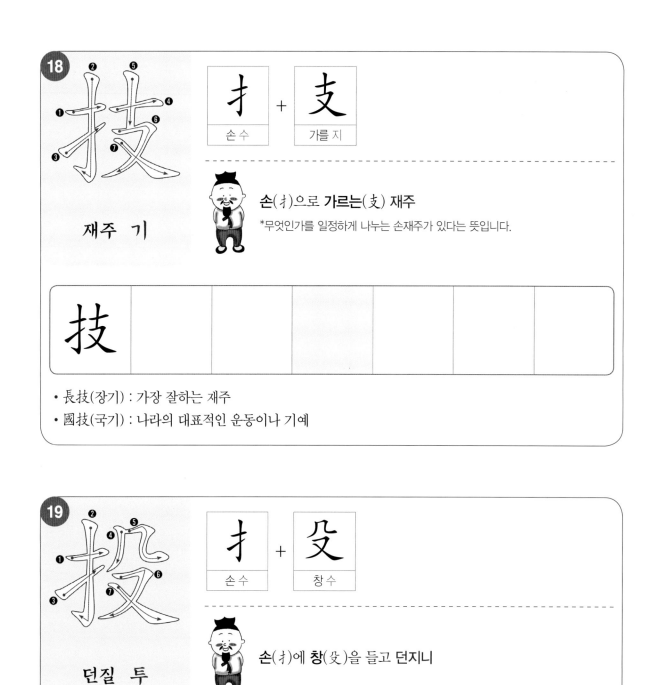

18

技

재주 기

才 + 支
손 수   가를 지

손(才)으로 **가르는**(支) 재주

*무엇인가를 일정하게 나누는 손재주가 있다는 뜻입니다.

技						

- 長技(장기) : 가장 잘하는 재주
- 國技(국기) : 나라의 대표적인 운동이나 기예

19

投

던질 투

才 + 殳
손 수   창 수

손(才)에 **창**(殳)을 들고 던지니

投						

- 投石(투석) : 돌을 던짐
- 投下(투하) : 던지어 아래로 떨어뜨림

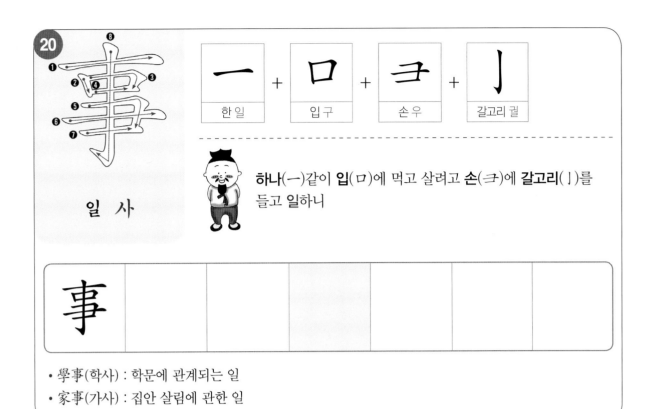

20 事

일 사

一 + 口 + ヨ + 亅

한 일　입 구　손 우　갈고리 궐

하나(一)같이 **입**(口)에 먹고 살려고 **손**(ヨ)에 **갈고리**(亅)를 들고 일하니

事					

• 學事(학사) : 학문에 관계되는 일
• 家事(가사) : 집안 살림에 관한 일

알림마당

알맞게 연결하세요.

낙서판

章 •

支 •

技 •

投 •

事 •

• 가를 지

• 재주 기

• 글 장

• 던질 투

• 일 사

立
(   )

머리(   )로 생각하고 **나누어**(   ) **땅**(   )에 세우니

童
(   )

서(   ) **마을**(   )에서 뛰어노는 아이

音
(   )

서(   ) **말**(   )하여 **소리** 지르니

意
(   )

소리(   )쳐 **마음**(   )의 뜻을 전하니

億
(   )

사람(   )의 **뜻**(   )은 억 수로 많으니

章
(   )

소리(   )를 **열**(   ) 마디씩 끊어 읽도록 지은 글

支
(   )

열(   ) 개씩 **또**(   ) 갈라 주니

技
(   )

손(   )으로 **가르는**(   ) 재주

投
(   )

손(   )에 **창**(   )을 들고 던지니

事
(   )

하나(   )같이 **입**(   )에 먹고 살려고 **손**(   )에 **갈고리**(   )를 들고 일하니

♣ 숫자 순서대로 부수를 결합하여 한자를 만들고 옆에 뜻과 음을 쓰세요.

①立 ②里 ③曰 ④音 ⑤心 ⑥亻 ⑦意

11. ① =

12. ① + ② =

13. ① + ③ =

14. ④ + ⑤ =

15. ⑥ + ⑦ =

①音 ②十 ③又 ④扌 ⑤支 ⑥殳 ⑦一
⑧口 ⑨ヨ ⑩亅

16. ① + ② =

17. ② + ③ =

18. ④ + ⑤ =

19. ④ + ⑥ =

20. ⑦ + ⑧ + ⑨ + ⑩ =

♣ 다음 한자어의 독음을 쓰세요.

立 石	自 立	童 心
學 童	高 音	清 音
同 意	意 見	億 萬
億 年	文 章	支 分
支 給	長 技	國 技
投 石	投 下	學 事
家 事		

설 립　　돌 석	스스로 자　설 립	아이 동　마음 심
배울 학　아이 동	높을 고　소리 음	맑을 청　소리 음
같을 동　뜻 의	뜻 의　의견 견	억 억　많을 만
억 억　해 년	글월 문　글 장	가를 지　나눌 분
줄 지　줄 급	길 장　재주 기	나라 국　재주 기
던질 투　돌 석	던질 투　아래 하	배울 학　일 사
집 가　일 사		

♣ 아래의 빈칸에 한자는 뜻과 음을, 뜻과 음은 한자를 쓰세요.

1~20번 형성평가					
示	社	祝	視	禁	
介	界	非	悲	功	立
童	音	意	億	章	支
技	投	事			
				신 시	모일 사
빌 축	살필 시	금할 금	낄 개	경계 계	아닐 비
슬플 비	공 공	설 립	아이 동	소리 음	뜻 의
억 억	글 장	가를 지	재주 기	던질 투	일 사

32

21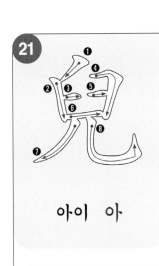

白 절구 구 + 儿 걷는 사람 인

 절구(白)가 걷는(儿) 것처럼 머리가 큰 아이

*아이는 몸에 비해서 머리가 커 마치 절구가 걷는 것 같다는 뜻입니다.

아이 아

兒						

- 男兒(남아) : 사내아이
- 小兒(소아) : 어린아이

22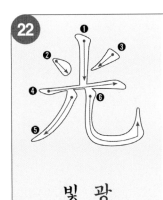

小 작을 소 +  一 한 일 + 儿 걷는 사람 인

 작고(小) 희미하게 하나(一)같이 걷는 사람(儿)을 비추는 빛

*깜깜한 무대를 걸어 다니는 주인공을 따라다니며 빛이 비춘다는 뜻입니다.

빛 광

光						

- 日光(일광) : 햇빛
- 光明(광명) : 밝고 환한 빛

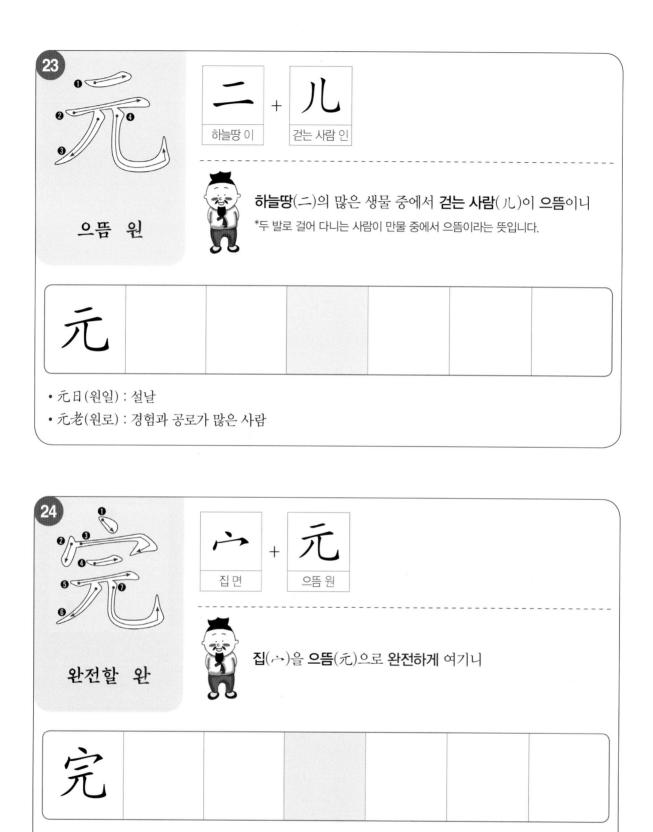

23 으뜸 원

二 (하늘땅 이) + 儿 (걷는 사람 인)

하늘땅(二)의 많은 생물 중에서 걷는 사람(儿)이 으뜸이니
*두 발로 걸어 다니는 사람이 만물 중에서 으뜸이라는 뜻입니다.

元

• 元日(원일) : 설날
• 元老(원로) : 경험과 공로가 많은 사람

24 완전할 완

宀 (집 면) + 元 (으뜸 원)

집(宀)을 으뜸(元)으로 완전하게 여기니

完

• 完工(완공) : 공사를 완성함
• 完全(완전) : 모자람이나 흠이 없음

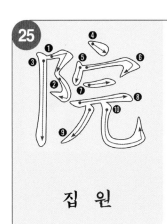

25

집 원

阝 (언덕 부) + 完 (완전할 완)

 언덕(阝)에 **완전하게**(完) 지은 집

院						

- 學院(학원) : 학교
- 入院(입원) : 병을 고치려고 병원에 들어가 한동안 머묾

알림 마당

알맞게 연결하세요.

兒 •　　　　• 집 원

光 •　　　　• 으뜸 원

元 •　　　　• 빛 광

完 •　　　　• 완전할 완

院 •　　　　• 아이 아

目	+		=	見 (볼 견)
生	+		=	先 (먼저 선)
口	+	儿	=	兄 (형 형)
臼	+		=	兒 (아이 아)
二	+		=	元 (으뜸 원)

26 所 곳 바 소

户 + 斤
집 호   도끼 근

집(户)에서 위험한 **도끼**(斤)를 두는 곳

*도끼는 위험해서 어린아이들의 손이 잘 닿지 않는 높은 곳에 두었죠?

所					

• 名所(명소) : 이름난 곳
• 所有(소유) : 가지고 있음

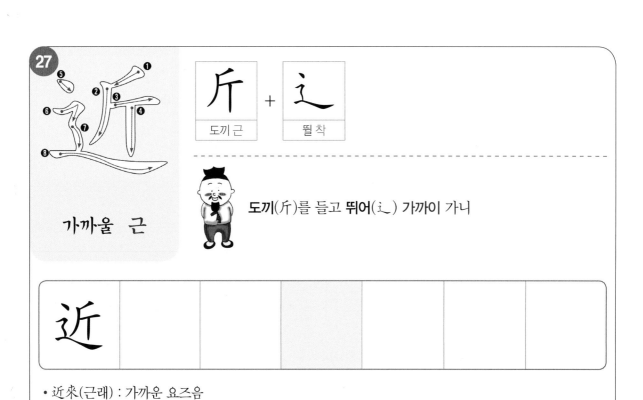

27 近 가까울 근

斤 + 辶
도끼 근   뛸 착

도끼(斤)를 들고 **뛰어**(辶) 가까이 가니

近					

• 近來(근래) : 가까운 요즈음
• 近海(근해) : 육지에 가까운 바다

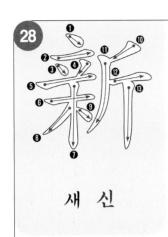

28

立	+	木	+	斤
설립		나무 목		도끼 근

새 신

서(立) 있는 **나무**(木)를 **도끼**(斤)로 잘라 **새로** 만드니

*나무를 도끼로 잘라 무엇인가를 새로 만든다는 뜻입니다.

新						

• 新年(신년) : 새해
• 新人(신인) : 새로 등장한 사람

29

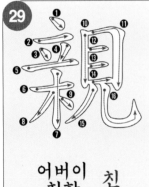

立	+	木	+	見
설립		나무 목		볼 견

어버이
친할   친

서(立) 있는 **나무**(木)에 올라가 자식을 **보는**(見) **어버이**

*자식이 오는 것을 보기 위하여 나무에 올라가서 멀리 본다는 뜻입니다.

親						

• 父親(부친) : 아버지
• 親交(친교) : 친하게 사귐

30

勿

없앨 말 물

勹 + ノ + ノ

쌀 포   끈 별   끈 별

물건을 **싸서**(勹) **끈**(ノ)과 **끈**(ノ)을 교차시켜 묶어 **없애니**
*하지 말라는 뜻으로 쓰입니다.

勿						

- 勿問(물문) : 내버려 두고 다시 묻지 아니함
- 勿入(물입) : 들어가거나 들어오지 말라는 뜻으로 쓰는 말

알림마당

알맞게 연결하세요.

낙서판

所 ·

近 ·

新 ·

親 ·

勿 ·

· 새 신

· 어버이 친

· 없앨 물

· 가까울 근

· 곳 소

♣ 한자 밑에 뜻과 음을 쓰고, 옆 (　　) 에는 알맞은 부수를 쓰세요.

兒 (　　)	절구(　　)가 걷는(　　) 것처럼 머리가 큰 아이
光 (　　)	작고(　　) 희미하게 하나(　　)같이 걷는 사람(　　)을 비추는 빛
元 (　　)	하늘땅(　　)의 많은 생물 중에서 걷는 사람(　　)이 으뜸이니
完 (　　)	집(　　)을 으뜸(　　)으로 완전하게 여기니
院 (　　)	언덕(　　)에 완전하게(　　) 지은 집
所 (　　)	집(　　)에서 위험한 도끼(　　)를 두는 곳
近 (　　)	도끼(　　)를 들고 뛰어(　　) 가까이 가니
新 (　　)	서(　　) 있는 나무(　　)를 도끼(　　)로 잘라 새로 만드니
親 (　　)	서(　　) 있는 나무(　　)에 올라가 자식을 보는(　　) 어버이
勿 (　　)	물건을 싸서(　　) 끈(　　)과 끈(　　)을 교차시켜 묶어 없애니

♣ 숫자 순서대로 부수를 결합하여 한자를 만들고 옆에 뜻과 음을 쓰세요.

①臼 ②儿 ③小 ④一 ⑤二 ⑥宀 ⑦元
⑧阝 ⑨完

21. ① + ② =

22. ③ + ④ + ② =

23. ⑤ + ② =

24. ⑥ + ⑦ =

25. ⑧ + ⑨ =

①戶 ②斤 ③辶 ④立 ⑤木 ⑥見 ⑦勹 ⑧丿

26. ① + ② =

27. ② + ③ =

28. ④ + ⑤ + ② =

29. ④ + ⑤ + ⑥ =

30. ⑦ + ⑧ + ⑧ =

男 兒	小 兒	日 光
光 明	元 日	元 老
完 工	完 全	學 院
入 院	名 所	所 有
近 來	近 海	新 年
新 人	父 親	親 交
勿 問	勿 入	

♣ 다음 한자어를 한자로 쓰세요.

사내 남 아이 아	작을 소 아이 아	해 일 빛 광
빛 광 밝을 명	으뜸 원 날 일	으뜸 원 늙을 로
완전할 완 만들 공	완전할 완 온전할 전	배울 학 집 원
들 입 집 원	이름날 명 곳 소	바 소 있을 유
가까울 근 올 래	가까울 근 바다 해	새 신 해 년
새 신 사람 인	아비 부 어버이 친	친할 친 사귈 교
말 물 물을 문	말 물 들 입	

31

土 + 寸
땅 토   규칙 촌

절 사
관청 시

땅(土)에서 **규칙(寸)**을 지키는 **절이나 관청**

*절이나 관청은 규칙과 법도를 엄하게 지켜야 하죠?

寺					

- 寺門(사문) : 절의 문
- 山寺(산사) : 산속에 있는 절

32

竹 + 寺
대 죽   절 사

무리
등급 등

대(竹)가 **절(寺)** 주변에 **무리**를 이루어 자라니

*절 주변에 대나무가 무리를 이루어 자라고 있다는 뜻입니다.

等					

- 高等(고등) : 등급이 높음
- 同等(동등) : 등급이나 정도가 같음

33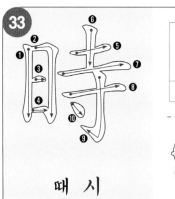

때 시

日 + 寺
해 일 관청 시

 해(日)의 위치를 보고 **관청**(寺)**에서 때를 알리니**

*시계가 없던 옛날에는 관청에서 종을 쳐 때를 알려 주었습니다.

時						

• 同時(동시) : 같은 때나 시기
• 時間(시간) : 시각과 시각의 사이

34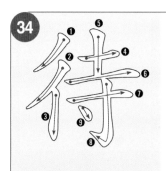

기다릴
대접할 대

 彳 + 寺
걸을 척 관청 시

 걸어가(彳) **관청**(寺)**에서 차례를 기다리니**

*관청에 걸어가 번호표를 뽑아 차례를 기다린다는 뜻입니다.

待						

• 待人(대인) : 사람을 기다림
• 待客(대객) : 손님을 대접함

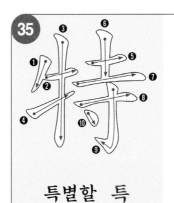

35

특별할 특

소우 + 절사

소(牜)가 절(寺)에 있어 특별하니

特						

- 特出(특출) : 특별히 뛰어남
- 特技(특기) : 특별한 기술이나 기능

알림마당

알맞게 연결하세요.

낙서판

寺 •

等 •

時 •

待 •

特 •

• 절 사

• 기다릴 대

• 때 시

• 특별할 특

• 무리 등

36

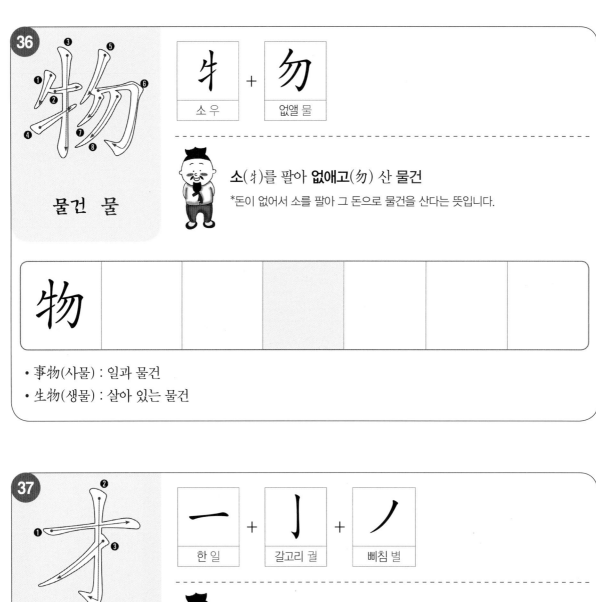

牛 + 勿

소 우 　 없앨 물

물건 물

소(牛)를 팔아 **없애고**(勿) 산 물건

*돈이 없어서 소를 팔아 그 돈으로 물건을 산다는 뜻입니다.

物					

• 事物(사물) : 일과 물건
• 生物(생물) : 살아 있는 물건

37

才

一 + 亅 + ノ

한 일 　 갈고리 궐 　 삐침 별

재주 재

하나(一)의 **갈고리**(亅)를 **삐쳐**(ノ) 만드는 재주

才					

• 多才(다재) : 재주가 많음
• 人才(인재) : 재주가 뛰어난 사람

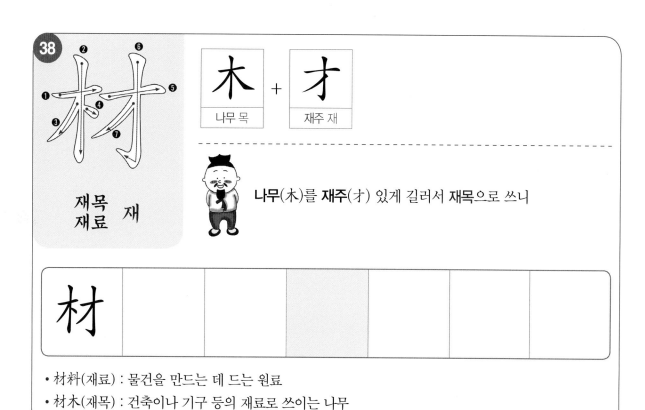

38

木 + 才
나무 목 + 재주 재

재목
재료 재

나무(木)를 재주(才) 있게 길러서 재목으로 쓰니

材						

• 材料(재료) : 물건을 만드는 데 드는 원료
• 材木(재목) : 건축이나 기구 등의 재료로 쓰이는 나무

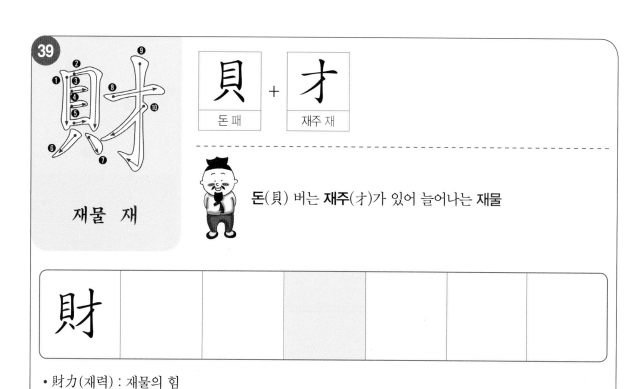

39

貝 + 才
돈 패 + 재주 재

재물 재

돈(貝) 버는 재주(才)가 있어 늘어나는 재물

財						

• 財力(재력) : 재물의 힘
• 財物(재물) : 돈이나 그 밖의 온갖 값나가는 물건

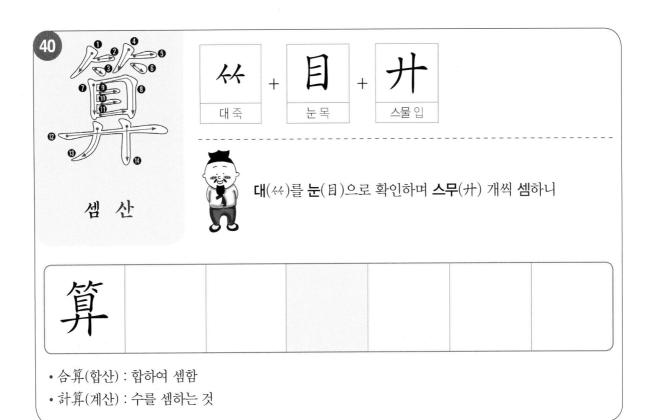

算						

⚫ 合算(합산) : 합하여 셈함
⚫ 計算(계산) : 수를 셈하는 것

알맞게 연결하세요.

낙서판

物 ⚫

才 ⚫

材 ⚫

財 ⚫

算 ⚫

⚫ 재주 재

⚫ 재물 재

⚫ 재목 재

⚫ 셈 산

⚫ 물건 물

寺
(   )

땅(   )에서 **규칙**(   )을 지키는 절이나 관청

等
(   )

대(   )가 절(   ) 주변에 무리를 이루어 자라니

時
(   )

해(   )의 위치를 보고 **관청**(   )에서 때를 알리니

待
(   )

걸어가(   ) **관청**(   )에서 차례를 기다리니

特
(   )

소(   )가 절(   )에 있어 **특별**하니

物
(   )

소(   )를 팔아 **없애고**(   ) 산 물건

才
(   )

하나(   )의 **갈고리**(   )를 **삐쳐**(   ) 만드는 재주

材
(   )

나무(   )를 **재주**(   ) 있게 길러서 **재목**으로 쓰니

財
(   )

돈(   ) 버는 **재주**(   )가 있어 늘어나는 **재물**

算
(   )

대(   )를 눈(   )으로 확인하며 **스무**(   ) 개씩 셈하니

♣ 숫자 순서대로 부수를 결합하여 한자를 만들고 옆에 뜻과 음을 쓰세요.

① 土	② 寸	③ 竹	④ 寺	⑤ 日	⑥ 彳	⑦ 牛

31. ① + ② =

32. ③ + ④ =

33. ⑤ + ④ =

34. ⑥ + ④ =

35. ⑦ + ④ =

① 牛	② 勿	③ 才	④ 木	⑤ 貝	⑥ 竹	⑦ 目	⑧ 廾

36. ① + ② =

37. ③ =

38. ④ + ③ =

39. ⑤ + ③ =

40. ⑥ + ⑦ + ⑧ =

♣ 다음 한자어의 독음을 쓰세요.

寺 門

山 寺

高 等

同 等

同 時

時 間

待 人

待 客

特 出

特 技

事 物

生 物

多 才

人 才

材 料

材 木

財 力

財 物

合 算

計 算

♣ 다음 한자어를 한자로 쓰세요.

_____
절 사   문 문

_____
산 산   절 사

_____
높을 고   등급 등

_____
같을 동   등급 등

_____
같을 동   때 시

_____
때 시   사이 간

_____
기다릴 대   사람 인

_____
대접할 대   손님 객

_____
특별할 특   날 출

_____
특별할 특   재주 기

_____
일 사   물건 물

_____
살 생   물건 물

_____
많을 다   재주 재

_____
사람 인   재주 재

_____
재목 재   재료 료

_____
재목 재   나무 목

_____
재물 재   힘 력

_____
재물 재   물건 물

_____
합할 합   셈 산

_____
셀 계   셈 산

♣ 아래의 빈칸에 한자는 뜻과 음을, 뜻과 음은 한자를 쓰세요.

21~40번 형성평가

兒	光	元	完	院
所	近	新	親	勿	寺
等	時	待	特	物	才
材	財	算		아이 아	빛 광
으뜸 원	완전할 완	집 원	곳 소	가까울 근	새 신
어버이 친	없앨 물	절 사	무리 등	때 시	기다릴 대
특별할 특	물건 물	재주 재	재목 재	재물 재	셈 산

53

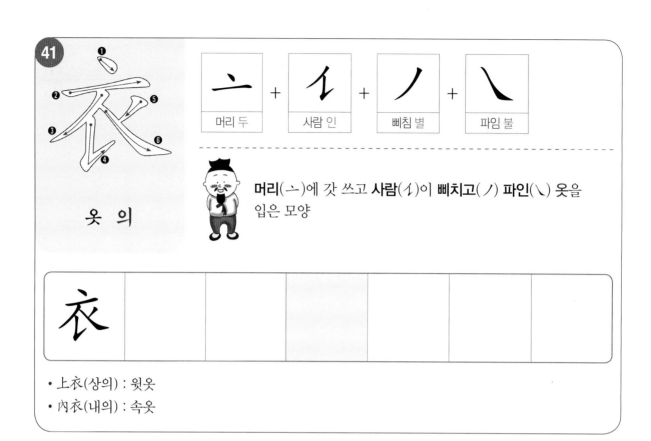

41

옷 의

二	+	亻	+	ノ	+	乀
머리 두		사람 인		삐침 별		파임 불

머리(亠)에 갓 쓰고 **사람(亻)**이 **삐치고(ノ) 파인(乀)** 옷을 입은 모양

衣						

- 上衣(상의) : 윗옷
- 內衣(내의) : 속옷

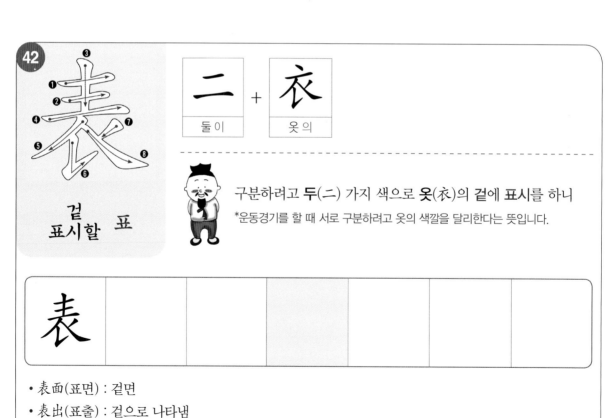

42

겉
표시할 표

二	+	衣
둘 이		옷 의

구분하려고 **두(二)** 가지 색으로 **옷(衣)**의 **겉**에 **표시**를 하니

*운동경기를 할 때 서로 구분하려고 옷의 색깔을 달리한다는 뜻입니다.

表						

- 表面(표면) : 겉면
- 表出(표출) : 겉으로 나타냄

43 옷 챙길 원

一 한 일 + 衣 옷 의 + 口 사람 구

한(一) 벌씩 옷(衣)을 사람(口) 수대로 챙기니

袁					

44 멀 원

袁 옷 챙길 원 + 辶 뛸 착

옷을 챙겨(袁) 뛰어(辶)갈 정도로 머니

遠					

• 遠近(원근) : 멀고 가까움
• 永遠(영원) : 길고 오랜 세월

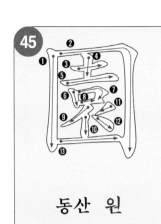

45

口
울타리 위

+

袁
옷 챙길 원

동산 원

 울타리(口)를 옷을 **챙겨**(袁) 싸듯 친 동산

園

- 田園(전원) : 논밭과 동산
- 公園(공원) : 공중의 보건, 휴양, 놀이 따위를 위하여 마련한 정원

알림마당

· · · · · · · · · · · · · · ·

알맞게 연결하세요.

낙서판

衣 ·

表 ·

袁 ·

遠 ·

園 ·

· 겉 표

· 멀 원

· 옷 의

· 동산 원

· 옷 챙길 원

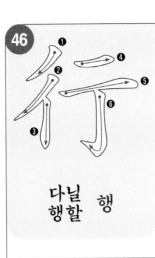

46

다닐
행할 **행**

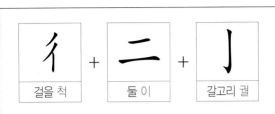

彳	+	二	+	亅
걸을 척		둘 이		갈고리 궐

걸어서(彳) 두(二) 명이 갈고리(亅)를 들고 다니니

行					

- 行人(행인) : 길 가는 사람
- 行動(행동) : 몸을 움직여 동작을 하거나 어떤 일을 함

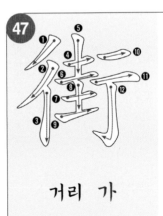

47

거리 **가**

行	+	土	+	土
다닐 행		땅 토		흙 토

다닐(行) 수 있도록 땅(土)에 흙(土)을 쌓아 만든 거리
*차나 사람이 다닐 수 있도록 땅에 흙을 쌓아 만든 길이라는 뜻입니다.

街					

- 市街(시가) : 도시의 큰 거리
- 街路(가로) : 시가지의 넓은 도로

48

알 지

矢 + 口
화살 시   입 구

화살(矢)처럼 빠르게 **입(口)**으로 말할 수 있으니 **알지**
*알고 있는 것은 빨리 입으로 말할 수 있다는 뜻입니다.

知						

• 知人(지인) : 아는 사람
• 知性(지성) : 인간의 지적 능력

49

짧을 단

矢 + 豆
화살 시   콩 두

화살(矢)이 **콩(豆)**알만 하여 **짧아** 결점이 되니
*흔히 작은 것을 비교할 때 콩알만 하다고 합니다. 콩알만 한 화살!

短						

• 短身(단신) : 작은 키
• 長短(장단) : 길고 짧음

50

失

잘못할
잃을 **실**

丿
사람 인

+

大
큰 대

사람(丿)을 크게(大) 잘못하여 잃으니

失						

• 失言(실언) : 실수로 잘못 말함
• 失明(실명) : 시력을 잃어 앞을 못 보게 됨

**알림
마당**

· · · · · · · · · · · · · · · · · ·

알맞게 연결하세요.

낙서판

行 ·

街 ·

知 ·

短 ·

失 ·

· 거리 가

· 짧을 단

· 잃을 실

· 알 지

· 다닐 행

♣ 한자 밑에 뜻과 음을 쓰고, 엽 (　) 에는 알맞은 부수를 쓰세요.

衣
(　　　)
머리(亠)에 갓 쓰고 사람(亻)이 삐치고(丿) 파인(乀) 옷을 입은 모양

表
(　　　)
구분하려고 두(　) 가지 색으로 옷(　)의 겉에 표시를 하니

袁
(　　　)
한(　) 벌씩 옷(　)을 사람(　) 수대로 챙기니

遠
(　　　)
옷을 챙겨(　) 뛰어(　)갈 정도로 머니

園
(　　　)
울타리(　)를 옷을 챙겨(　) 싸듯 친 동산

行
(　　　)
걸어서(　) 두(　) 명이 갈고리(　)를 들고 다니니

街
(　　　)
다닐(　) 수 있도록 땅(　)에 흙(　)을 쌓아 만든 거리

知
(　　　)
화살(　)처럼 빠르게 입(　)으로 말할 수 있으니 알지

短
(　　　)
화살(　)이 콩(　)알만 하여 짧아 결점이 되니

失
(　　　)
사람(　)을 크게(　) 잘못하여 잃으니

♣ 숫자 순서대로 부수를 결합하여 한자를 만들고 옆에 뜻과 음을 쓰세요.

---

① 衣   ② 二   ③ 袁   ④ 辶   ⑤ 口

41. ① =

42. ② + ① =

43. ③ =

44. ③ + ④ =

45. ⑤ + ③ =

---

① 行   ② 土   ③ 矢   ④ 口   ⑤ 豆   ⑥ 失

46. ① =

47. ① + ② + ② =

48. ③ + ④ =

49. ③ + ⑤ =

50. ⑥ =

61

♣ 다음 한자어의 독음을 쓰세요.

上 衣　　內 衣　　表 面

表 出　　遠 近　　永 遠

田 園　　公 園　　行 人

行 動　　市 街　　街 路

知 人　　知 性　　短 身

長 短　　失 言　　失 明

♣ 다음 한자어를 한자로 쓰세요.

_____
윗 상   옷 의

_____
안 내   옷 의

_____
겉 표   얼굴 면

_____
겉 표   날 출

_____
멀 원   가까울 근

_____
길 영   멀 원

_____
밭 전   동산 원

_____
공평할 공   동산 원

_____
다닐 행   사람 인

_____
행할 행   움직일 동

_____
행정구역 시   거리 가

_____
거리 가   길 로

_____
알 지   사람 인

_____
알 지   성품 성

_____
짧을 단   몸 신

_____
길 장   짧을 단

_____
잘못할 실   말씀 언

_____
잃을 실   밝을 명

명령할 령

人	一	卩
사람 인	한 일	무릎 꿇을 절

사람(人)들을 하나(一)같이 무릎 꿇려(卩) 놓고 명령하니

令						

• 待令(대령) : 명령을 기다림
• 口令(구령) : 말로 내리는 간단한 명령

명령할
목숨 명

人	一	口	卩
사람 인	한 일	입 구	무릎 꿇을 절

사람(人)들을 하나(一)같이 입(口)으로 무릎 꿇려(卩) 놓고 명령하니

*명령은 목숨처럼 중요하니 목숨이라는 뜻도 있습니다.

命						

• 王命(왕명) : 임금의 명령
• 生命(생명) : 살아서 숨 쉬고 활동할 수 있게 하는 힘

53

冷

찰 랭

冫
얼음 빙

＋

令
명령할 령

얼음(冫)처럼 명령(令)이 차니

*명령은 하기 싫어도 따라야 하니 차갑게 느껴진다는 뜻입니다.

冷					

- 冷水(냉수) : 찬물
- 冷氣(냉기) : 찬 기운

54

領

거느릴 령

令
명령할 령

＋

頁
우두머리 혈

명령(令)하여 우두머리(頁)가 부하를 거느리니

領					

- 領土(영토) : 국가의 통치권이 미치는 땅
- 領海(영해) : 국가의 통치권이 미치는 바다

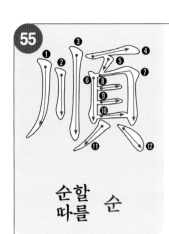

55

순할
따를 **순**

川 + 頁
내 천   우두머리 혈

냇물(川)이 흐르듯 거스르지 않고 **우두머리**(頁)의 명령을
순하게 따르니

*냇물이 흐르는 것처럼 거스르지 않고 우두머리의 명령을 순하게 따른다는 뜻입니다.

順					

• 順風(순풍) : 순하게 부는 바람
• 順理(순리) : 도리나 이치에 순종함

알림마당

알맞게 연결하세요.

낙서판

令 •

命 •

冷 •

領 •

順 •

• 명령할 명

• 찰 랭

• 순할 순

• 거느릴 령

• 명령할 령

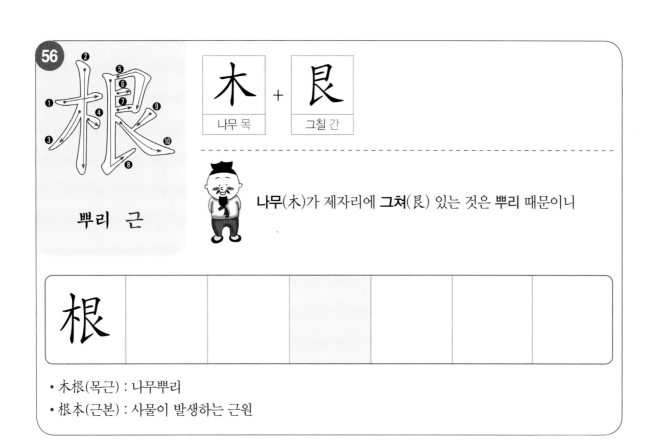

木 + 艮
나무 목 + 그칠 간

나무(木)가 제자리에 **그쳐**(艮) 있는 것은 **뿌리** 때문이니

뿌리 근

• 木根(목근) : 나무뿌리
• 根本(근본) : 사물이 발생하는 근원

金 + 艮
금 금 + 그칠 간

값어치가 **금**(金) 다음에 **그쳐**(艮) 있는 은

은 은

• 金銀(금은) : 금과 은
• 銀色(은색) : 은의 빛깔과 같이 반짝이는 색

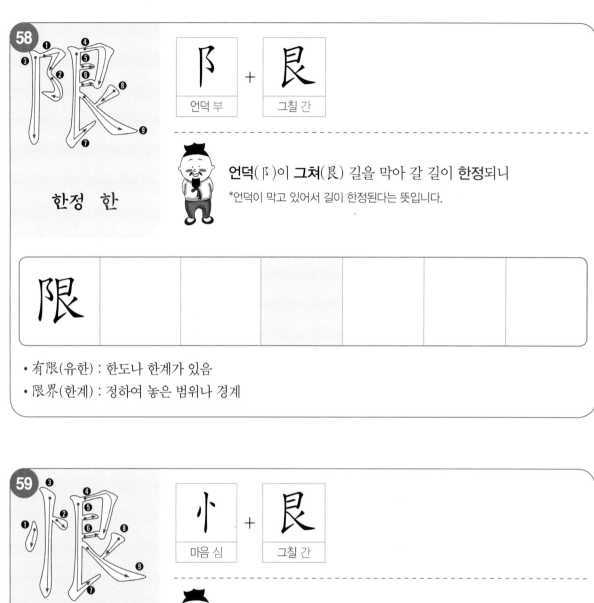

58 限

한정 한

阝 + 艮
언덕 부 + 그칠 간

언덕(阝)이 **그쳐**(艮) 길을 막아 갈 길이 **한정**되니

*언덕이 막고 있어서 길이 한정된다는 뜻입니다.

限						

- 有限(유한) : 한도나 한계가 있음
- 限界(한계) : 정하여 놓은 범위나 경계

59 恨

한 한

忄 + 艮
마음 심 + 그칠 간

마음(忄)에 **그쳐**(艮) 잊히지 않는 **한**

*잊지 못하고 마음에 머물러 한이 된다는 뜻입니다.

恨						

- 情恨(정한) : 정과 한
- 恨事(한사) : 한스러운 일

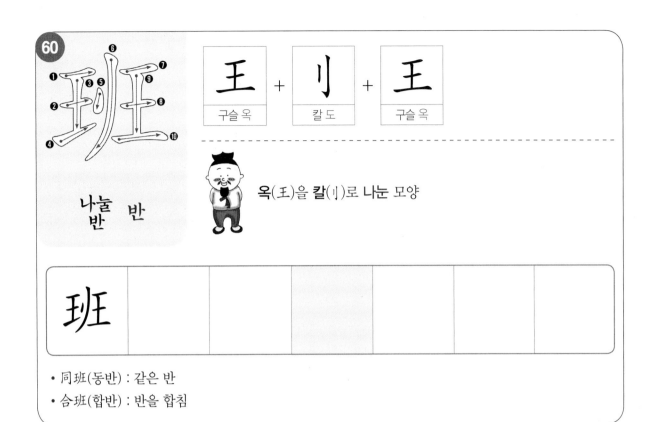

王	+	刂	+	王
구슬 옥		칼 도		구슬 옥

60

나눌 반 반

옥(王)을 칼(刂)로 나눈 모양

班					

• 同班(동반) : 같은 반
• 合班(합반) : 반을 합침

알맞게 연결하세요.

낙서판

根 •

銀 •

限 •

恨 •

班 •

• 은 은

• 뿌리 근

• 한 한

• 나눌 반

• 한정 한

69

令
(   )

사람(   )들을 하나(   )같이 **무릎 꿇려**(   ) 놓고 명령하니

命
(   )

사람(   )들을 하나(   )같이 **입**(   )으로 **무릎 꿇려**(   ) 놓고 명령하니

冷
(   )

얼음(   )처럼 **명령**(   )이 차니

領
(   )

명령(   )하여 **우두머리**(   )가 부하를 거느리니

順
(   )

냇물(   )이 흐르듯 거스르지 않고 **우두머리**(   )의 명령을 순하게 따르니

根
(   )

나무(   )가 제자리에 **그쳐**(   ) 있는 것은 뿌리 때문이니

銀
(   )

값어치가 **금**(   ) 다음에 **그쳐**(   ) 있는 은

限
(   )

언덕(   )이 **그쳐**(   ) 길을 막아 갈 길이 한정되니

恨
(   )

마음(   )에 **그쳐**(   ) 잊히지 않는 한

班
(   )

옥(   )을 **칼**(   )로 나눈 모양

70

♣ 숫자 순서대로 부수를 결합하여 한자를 만들고 옆에 뜻과 음을 쓰세요.

① 人 ② 一 ③ 尸 ④ 口 ⑤ 冫 ⑥ 令 ⑦ 頁 ⑧ 川

51. ① + ② + ③ =

52. ① + ② + ④ + ③ =

53. ⑤ + ⑥ =

54. ⑥ + ⑦ =

55. ⑧ + ⑦ =

① 木 ② 艮 ③ 金 ④ 阝 ⑤ 忄 ⑥ 王 ⑦ 刂

56. ① + ② =

57. ③ + ② =

58. ④ + ② =

59. ⑤ + ② =

60. ⑥ + ⑦ + ⑥ =

♣ 다음 한자어의 독음을 쓰세요.

待 令

口 令

王 命

生 命

冷 水

冷 氣

領 土

領 海

順 風

順 理

木 根

根 本

金 銀

銀 色

有 限

限 界

情 恨

恨 事

同 班

合 班

♣ 다음 한자어를 한자로 쓰세요.

기다릴 대　명령할 령	입 구　명령할 령	임금 왕　명령할 명
살 생　목숨 명	찰 랭　물 수	찰 랭　기운 기
거느릴 령　땅 토	거느릴 령　바다 해	순할 순　바람 풍
따를 순　이치 리	나무 목　뿌리 근	뿌리 근　근본 본
금 금　은 은	은 은　빛 색	있을 유　한정 한
한정 한　경계 계	뜻 정　한 한	한 한　일 사
같을 동　반 반	합할 합　반 반	

♣ 아래의 빈칸에 한자는 뜻과 음을, 뜻과 음은 한자를 쓰세요.

41~60번 형성평가					
衣	表	袁	遠		園
行	街	知	短	失	令
命	冷	領	順	根	銀
限	恨	班		옷 의	겉 표
옷 챙길 원	멀 원	동산 원	다닐 행	거리 가	알 지
짧을 단	잃을 실	명령할 령	명령할 명	찰 랭	거느릴 령
순할 순	뿌리 근	은 은	한정 한	한 한	나눌 반

74

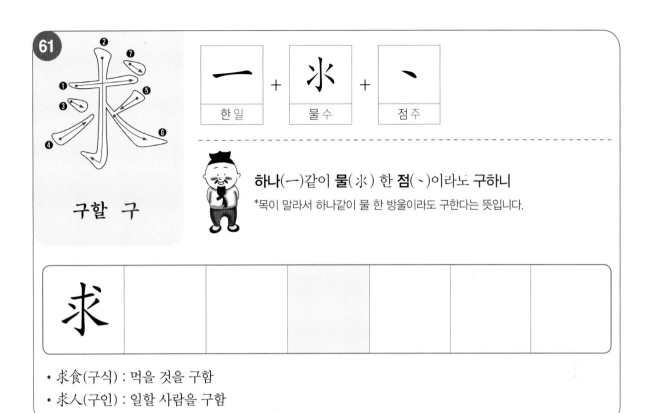

61 求 구할 구

一 한 일 + 氺 물 수 + ` 점 주

하나(一)**같이 물**(氺) **한 점**(`)**이라노 구하니**
*목이 말라서 하나같이 물 한 방울이라도 구한다는 뜻입니다.

求

- 求食(구식) : 먹을 것을 구함
- 求人(구인) : 일할 사람을 구함

62 球 공 구

王 구슬 옥 + 求 구할 구

옥(王)**을 구하여**(求) **만든 공**
*좋은 옥을 구하여 구슬을 만들었다는 뜻입니다.

球

- 球面(구면) : 공 또는 둥근 물체의 겉면
- 電球(전구) : 전류를 통하여 빛을 내는 기구

63

求 + 攵
구할 구   칠 복

구원할 구

구하려고(求) 적을 쳐(攵) 구원하니
*위기에 빠진 나라를 구하려고 적을 쳐서 나라를 구원한다는 뜻입니다.

救

- 救出(구출) : 구하여 냄
- 救命(구명) : 목숨을 구함

64

己 + 攵
몸 기   칠 복

고칠 개

몸(己)을 쳐(攵) 잘못을 고치니
*회초리로 몸을 때리며 잘못을 고치게 한다는 뜻입니다.

改

- 改名(개명) : 이름을 고침
- 改良(개량) : 나쁜 점을 고쳐 좋게 함

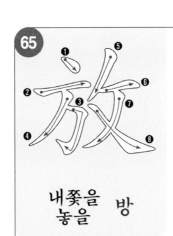

65

내쫓을
놓을 **방**

方 + 攵

사방 방 + 칠 복

사방(方)에서 적을 쳐(攵) 내쫓으니

*침입한 적을 사방에서 쳐 내쫓는다는 뜻입니다.

放						

• 放心(방심) : 마음을 놓아 버림
• 放學(방학) : 일정 기간 동안 수업을 쉬는 일

알림마당

알맞게 연결하세요.

낙서판

求 •   • 고칠 개

球 •   • 놓을 방

救 •   • 구할 구

改 •   • 구원할 구

放 •   • 공 구

66

셈 수

口 + 口 + 十 + 女 + 攵
입구 + 입구 + 열십 + 여자녀 + 칠복

입(口)과 입(口)으로 열(十) 개씩 여자(女)가 치며(攵) 셈하니

數

- 大數(대수) : 큰 수
- 多數(다수) : 많은 수

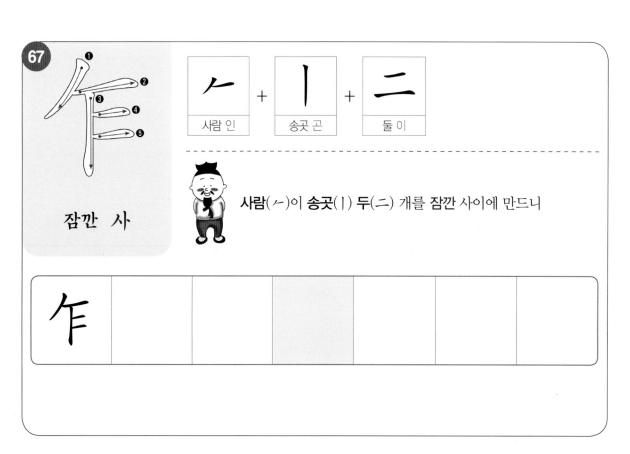

67

잠깐 사

ㅅ + ㅣ + 二
사람 인 + 송곳 곤 + 둘 이

사람(ㅅ)이 송곳(ㅣ) 두(二) 개를 잠깐 사이에 만드니

乍

78

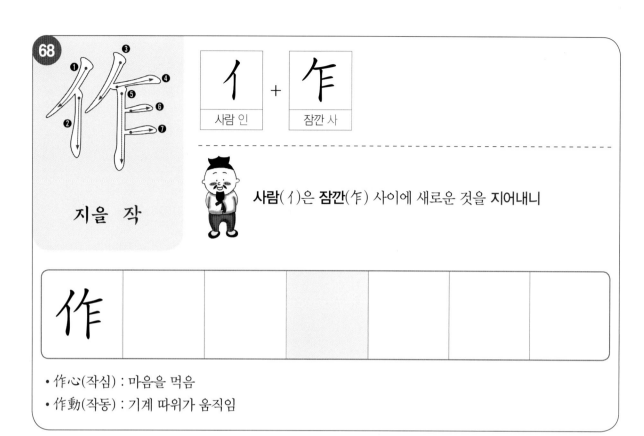

68

지을 작

イ (사람 인) + 乍 (잠깐 사)

사람(イ)은 **잠깐**(乍) 사이에 새로운 것을 **지어내니**

作

- 作心(작심) : 마음을 먹음
- 作動(작동) : 기계 따위가 움직임

69

어제 작

日 (날 일) + 乍 (잠깐 사)

날(日)이 **잠깐**(乍) 사이에 지나가 어제가 되니

昨

- 昨年(작년) : 지난해
- 昨今(작금) : 어제와 오늘

⑦⓿ 別

나눌
다를 별

口	+	勹	+	刂
입 구		쌀 포		칼 도

입(口)에 **싸서**(勹) 먹기 좋게 **칼**(刂)로 **나누니**

*고기를 입에 싸서 먹기 좋게 알맞은 크기로 나눈다는 뜻입니다.

別					

• 分別(분별) : 사물을 구별하여 나눔
• 別名(별명) : 본이름 이외의 다른 이름

알림마당

알맞게 연결하세요.

數 •
乍 •
作 •
昨 •
別 •

• 잠깐 사
• 지을 작
• 어제 작
• 셈 수
• 나눌 별

낙서판

求
(　　)
하나(　　)같이 물(　　) 한 점(　　)이라도 **구하니**

球
(　　)
옥(　　)을 **구하여**(　　) 만든 공

救
(　　)
구하려고(　　) 적을 **쳐**(　　) 구원하니

改
(　　)
몸(　　)을 **쳐**(　　) 잘못을 고치니

放
(　　)
사방(　　)에서 적을 **쳐**(　　) 내쫓으니

數
(　　)
입(　　)과 입(　　)으로 열(　　) 개씩 **여자**(　　)가 **치며**(　　) 셈하니

乍
(　　)
사람(　　)이 **송곳**(　　) 두(　　) 개를 **잠깐** 사이에 만드니

作
(　　)
사람(　　)은 **잠깐**(　　) 사이에 새로운 것을 **지어내니**

昨
(　　)
날(　　)이 **잠깐**(　　) 사이에 지나가 **어제**가 되니

別
(　　)
입(　　)에 **싸서**(　　) 먹기 좋게 **칼**(　　)로 나누니

81

♣ 숫자 순서대로 부수를 결합하여 한자를 만들고 옆에 뜻과 음을 쓰세요.

① 求 ② 王 ③ 攵 ④ 己 ⑤ 方

61. ① =

62. ② + ① =

63. ① + ③ =

64. ④ + ③ =

65. ⑤ + ③ =

① 口 ② 十 ③ 女 ④ 攵 ⑤ 乍 ⑥ 亻 ⑦ 日
⑧ 勹 ⑨ 刂

66. ① + ① + ② + ③ + ④ =

67. ⑤ =

68. ⑥ + ⑤ =

69. ⑦ + ⑤ =

70. ① + ⑧ + ⑨ =

♣ 다음 한자어의 독음을 쓰세요.

求食	求人	球面
電球	救出	救命
改名	改良	放心
放學	大數	多數
作心	作動	昨年
昨今	分別	別名

♣ 다음 한자어를 한자로 쓰세요.

| 구할 구 | 밥 식 | | 구할 구 | 사람 인 | | 공 구 | 얼굴 면 |

| 전기 전 | 공 구 | | 구원할 구 | 날 출 | | 구원할 구 | 목숨 명 |

| 고칠 개 | 이름 명 | | 고칠 개 | 좋을 량 | | 놓을 방 | 마음 심 |

| 놓을 방 | 배울 학 | | 큰 대 | 셈 수 | | 많을 다 | 셈 수 |

| 지을 작 | 마음 심 | | 지을 작 | 움직일 동 | | 어제 작 | 해 년 |

| 어제 작 | 이제 금 | | 나눌 분 | 나눌 별 | | 다를 별 | 이름 명 |

71

까닭
말미암을 유

曰	+		
말할 왈		뚫을 곤

말(曰)을 위로 **뚫어**(|) 까닭을 물으니

*말미암다 : 어떤 현상이나 사물 따위가 원인이나 이유가 되다.

由					

• 事由(사유) : 일의 까닭
• 由來(유래) : 사물이나 일이 생겨남

72

기름 유

氵	+	由
물 수		말미암을 유

물(氵)처럼 열매를 짬으로 **말미암아**(由) 나오는 **기름**

*콩이나 깨 같은 열매를 짜서 기름을 얻죠?

油					

• 豆油(두유) : 콩기름
• 石油(석유) : 땅속에서 나는 기름

曲面(곡면) : 굽은 면
曲名(곡명) : 악곡의 이름

農土(농토) : 농사를 짓는 땅
農事(농사) : 농작물을 심어 가꾸고 거두어들이는 일

75

曲	+	豆
굽을 곡		제기 두

굽을(曲) 정도로 **제기**(豆)에 음식을 담아 **풍성하니**

*상다리가 휘어질 정도로 음식을 풍성하게 담는다는 뜻입니다.

풍성할 풍

豊						

- 豊作(풍작) : 풍년이 되어 모든 곡식이 잘됨
- 豊年(풍년) : 곡식이 잘 자라서 수확이 많은 해

알림마당

알맞게 연결하세요.

由 •

油 •

曲 •

農 •

豊 •

• 풍성할 풍

• 굽을 곡

• 농사 농

• 까닭 유

• 기름 유

낙서판

76

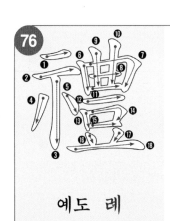

예도 례

示 + 豐
신 시   풍성할 풍

신(示)에게 **풍성하게(豐)** 제물을 바치고 갖추는 예의

*신에게 풍성하게 제물을 바치고 예의를 갖춘다는 뜻입니다.

禮

• 目禮(목례) : 눈인사
• 家禮(가례) : 집안에서 지키는 예법

77

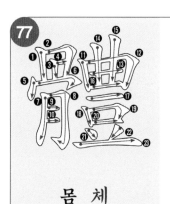

몸 체

骨 + 豐
뼈 골   풍성할 풍

뼈(骨)로 **풍성하게(豐)** 이루어진 몸

體

• 體內(체내) : 몸의 안
• 上體(상체) : 몸의 윗부분

78

쓸
글 서

聿 + 曰
붓 율   말할 왈

 붓(聿)으로 하고 싶은 **말**(曰)을 써서 글로 남기니

書

• 書記(서기) : 문서나 기록 따위를 맡아보는 사람
• 文書(문서) : 글자나 숫자 따위로 일정한 뜻을 나타낸 것

79

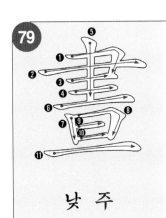

낮 주

聿 + 曰 + 一
붓 율   해 일   한 일

 붓(聿)으로 **해**(曰) **하나**(一)를 그려 **낮**을 뜻하니

*그림에 해를 그려 낮임을 알린다는 뜻입니다.

晝

• 晝間(주간) : 낮 동안
• 白晝(백주) : 환히 밝은 낮

붓(聿)으로 밭(田) 하나(一)를 그리니

그림 화

畫

• 油畫(유화) : 물감을 기름에 개어 그리는 그림
• 畫家(화가) : 그림 그리는 것을 직업으로 하는 사람

알림마당

알맞게 연결하세요.

禮 •

體 •

書 •

畵 •

畫 •

• 글 서

• 낮 주

• 그림 화

• 예도 례

• 몸 체

示	+ 土 = 社 (모일 사)
	+ 兄 = 祝 (빌 축)
	+ 見 = 視 (살필 시)
	+ 豊 = 禮 (예도 례)

♣ 한자 밑에 뜻과 음을 쓰고, 덧 (   )에는 알맞은 부수를 쓰세요.

由
(   )

말(   )을 위로 뚫어(   ) 까닭을 물으니

油
(   )

물(   )처럼 열매를 짬으로 **말미암아**(   ) 나오는 기름

曲
(   )

말(   )을 위로 두 번이나 **뚫어**(   ) 굽었음을 알리니

農
(   )

몸을 **구부리고**(   ) 별(   )이 뜨는 밤까지 농사를 지으니

豊
(   )

굽을(   ) 정도로 **제기**(   )에 음식을 담아 풍성하니

禮
(   )

신(   )에게 **풍성하게**(   ) 제물을 바치고 갖추는 예의

體
(   )

뼈(   )로 **풍성하게**(   ) 이루어진 몸

書
(   )

붓(   )으로 하고 싶은 말(   )을 써서 글로 남기니

晝
(   )

붓(   )으로 해(   ) 하나(   )를 그려 낮을 뜻하니

畫
(   )

붓(   )으로 밭(   ) 하나(   )를 그리니

♣ 숫자 순서대로 부수를 결합하여 한자를 만들고 옆에 뜻과 음을 쓰세요.

① 由　② 氵　③ 曲　④ 辰　⑤ 豆

71. ① =

72. ② + ① =

73. ③ =

74. ③ + ④ =

75. ③ + ⑤ =

① 示　② 豊　③ 骨　④ 聿　⑤ 曰　⑥ 日　⑦ 一　⑧ 田

76. ① + ② =

77. ③ + ② =

78. ④ + ⑤ =

79. ④ + ⑥ + ⑦ =

80. ④ + ⑧ + ⑦ =

事 由	由 來	豆 油
石 油	曲 面	曲 名
農 土	農 事	豊 作
豊 年	目 禮	家 禮
體 內	上 體	書 記
文 書	晝 間	白 晝
油 畫	畫 家	

♣ 다음 한자어를 한자로 쓰세요.

일 사　　까닭 유

말미암을 유　　올 래

콩 두　　기름 유

돌 석　　기름 유

굽을 곡　　얼굴 면

악곡 곡　　이름 명

농사 농　　땅 토

농사 농　　일 사

풍성할 풍　　지을 작

풍성할 풍　　해 년

눈 목　　예도 례

집 가　　예도 례

몸 체　　안 내

윗 상　　몸 체

쓸 서　　기록할 기

글월 문　　글 서

낮 주　　사이 간

흰 백　　낮 주

기름 유　　그림 화

그림 화　　전문가 가

♣ 아래의 빈칸에 한자는 뜻과 음을, 뜻과 음은 한자를 쓰세요.

61~80번
형성평가

求	球	救	改	放
數	乍	作	昨	別	由
油	曲	農	豊	禮	體
書	晝	畫		구할 구	공 구
구원할 구	고칠 개	놓을 방	셈 수	잠깐 사	지을 작
어제 작	나눌 별	까닭 유	기름 유	굽을 곡	농사 농
풍성할 풍	예도 례	몸 체	글 서	낮 주	그림 화

95

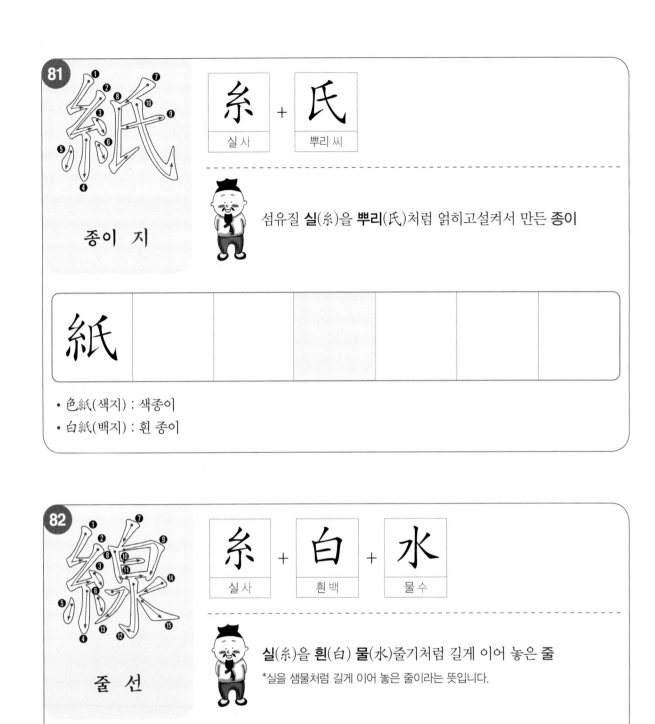

81 糸 + 氏
실 사   뿌리 씨

종이 지

섬유질 **실**(糸)을 **뿌리**(氏)처럼 얽히고설켜서 만든 **종이**

紙					

- 色紙(색지) : 색종이
- 白紙(백지) : 흰 종이

82 糸 + 白 + 水
실 사   흰 백   물 수

줄 선

실(糸)을 **흰**(白) **물**(水)줄기처럼 길게 이어 놓은 줄
*실을 샘물처럼 길게 이어 놓은 줄이라는 뜻입니다.

線					

- 曲線(곡선) : 굽은 선
- 線上(선상) : 선의 위

83

맺을 결

 + +

실 사   선비 사   입 구

 실(糸)을 선비(士)가 입(口)에 물고 묶어 맺으니

*실을 선비가 입에 꽉 물고 잡아당겨 있다는 뜻입니다.

結					

• 結氷(결빙) : 물이 얼어 얼음이 됨
• 結合(결합) : 둘 이상이 서로 관계를 맺어 하나가 됨

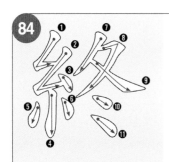

84

마칠 종

 +

실 사   겨울 동

 실(糸) 짜는 일을 겨울(冬)에 마치니

*시골에서는 추수가 끝난 겨울에 부업으로 실을 내려 베를 짰지요?

終					

• 終結(종결) : 끝을 냄
• 終止(종지) : 끝마쳐 그침

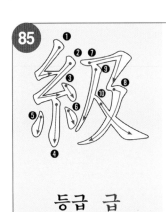

85

등급 급

糸 실 사 + 彡 숫자 삼 + 人 사람 인

실(糸)을 삼(彡) 등급으로 사람(人)이 나누니

*실의 품질을 세 등급(고급, 중급, 하급)으로 사람이 구분한다는 뜻입니다

級					

• 同級(동급) : 같은 등급
• 特級(특급) : 특별한 등급

· · · · · · **알림 마당** · · · · · ·

알맞게 연결하세요.

낙서판

紙 ·

線 ·

結 ·

終 ·

級 ·

· 줄 선

· 맺을 결

· 종이 지

· 등급 급

· 마칠 종

86

糸 실사 + 勹 쌀포 + 丶 점주

실(糸)로 싸서(勹) 점(丶)처럼 묶어 맺으니

*여러 물건을 한 덩어리로 실로 묶어서 맺는다는 뜻입니다.

맺을
약속할 약

約

• 言約(언약) : 말로 약속함
• 先約(선약) : 먼저 약속함

87

白 흰백 + 勹 쌀포 + 丶 점주

흰(白) 바탕에 싸여(勹) 있는 점(丶) 같은 과녁

*과녁은 흰 바탕에 점처럼 가운데 색이 칠해져 있죠?

과녁
목표 적

的

• 的中(적중) : 과녁에 맞음
• 目的(목적) : 이루려 하는 일

88 系 이어 맬 계

丿 (끈 별) + 糸 (실 사)

끈(丿)과 실(糸)을 이어 매니

系

• 體系(체계) : 낱낱이 다른 것을 통일한 조직
• 家系(가계) : 한 집안의 대대로 이어 온 계통

89 孫 손자 자손 손

子 (아들 자) + 系 (이어 맬 계)

아들(子)의 대를 **이어 매는**(系) 손자

孫

• 孫子(손자) : 아들이 낳은 아들
• 後孫(후손) : 이후에 태어나는 자손

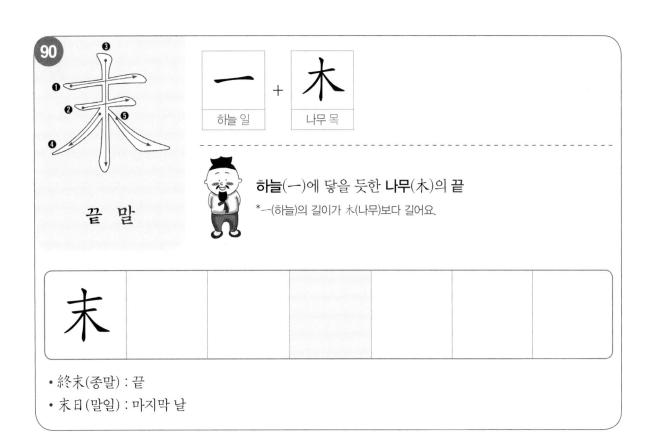

90

끝 말

一 + 木
하늘 일   나무 목

하늘(一)에 닿을 듯한 나무(木)의 끝
*一(하늘)의 길이가 木(나무)보다 길어요.

末

• 終末(종말) : 끝
• 末日(말일) : 마지막 날

알림
마당

• • • • • • • • • • • • • • •

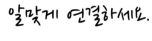

알맞게 연결하세요.

約 •

的 •

系 •

孫 •

末 •

• 손자 손

• 이어 맬 게

• 끝 말

• 맺을 약

• 과녁 적

낙서판

♣ 한자 밑에 뜻과 음을 쓰고, 옆 (   )에는 알맞은 부수를 쓰세요.

紙
(   )

섬유질 **실(   )**을 **뿌리(   )**처럼 얽히고설켜서 만든 **종이**

線
(   )

실(   )을 **흰(   ) 물(   )** 줄기처럼 길게 이어 놓은 줄

結
(   )

실(   )을 **선비(   )**가 **입(   )**에 물고 묶어 **맺으니**

終
(   )

실(   ) 짜는 일을 **겨울(   )**에 마치니

級
(   )

실(   )을 **삼(   )** 등급으로 **사람(   )**이 나누니

約
(   )

실(   )로 **싸서(   ) 점(   )**처럼 묶어 맺으니

的
(   )

흰(   ) 바탕에 **싸여(   )** 있는 **점(   )** 같은 과녁

系
(   )

끈(   )과 **실(   )**을 이어 매니

孫
(   )

아들(   )의 대를 **이어 매는(   )** 손자

末
(   )

하늘(   )에 닿을 듯한 **나무(   )**의 끝

♣ 숫자 순서대로 부수를 결합하여 한자를 만들고 옆에 뜻과 음을 쓰세요.

①糸 ②氏 ③白 ④水 ⑤士 ⑥口 ⑦冬
⑧彐 ⑨人

81. ① + ② =

82. ① + ③ + ④ =

83. ① + ⑤ + ⑥ =

84. ① + ⑦ =

85. ① + ⑧ + ⑨ =

①糸 ②勹 ③丶 ④白 ⑤丿 ⑥子 ⑦系
⑧一 ⑨木

86. ① + ② + ③ =

87. ④ + ② + ③ =

88. ⑤ + ① =

89. ⑥ + ⑦ =

90. ⑧ + ⑨(一의 길이가 木보다 길어요.) =

♣ 다음 한자어의 독음을 쓰세요.

色 紙	白 紙	曲 線
線 上	結 氷	結 合
終 結	終 止	同 級
特 級	言 約	先 約
的 中	目 的	體 系
家 系	孫 子	後 孫
終 末	末 日	

♣ 다음 한자어를 한자로 쓰세요.

_____

빛 색　　종이 지

_____

흰 백　　종이 지

_____

굽을 곡　　줄 선

_____

줄 선　　윗 상

_____

맺을 결　　얼음 빙

_____

맺을 결　　합할 합

_____

마칠 종　　맺을 결

_____

마칠 종　　그칠 지

_____

같을 동　　등급 급

_____

특별할 특　　등급 급

_____

말씀 언　　약속할 약

_____

먼저 선　　약속할 약

_____

과녁 적　　적중할 중

_____

눈 목　　목표 적

_____

몸 체　　이어 맬 계

_____

집 가　　이어 맬 계

_____

손자 손　　아들 자

_____

뒤 후　　자손 손

_____

끝 종　　끝 말

_____

끝 말　　날 일

105

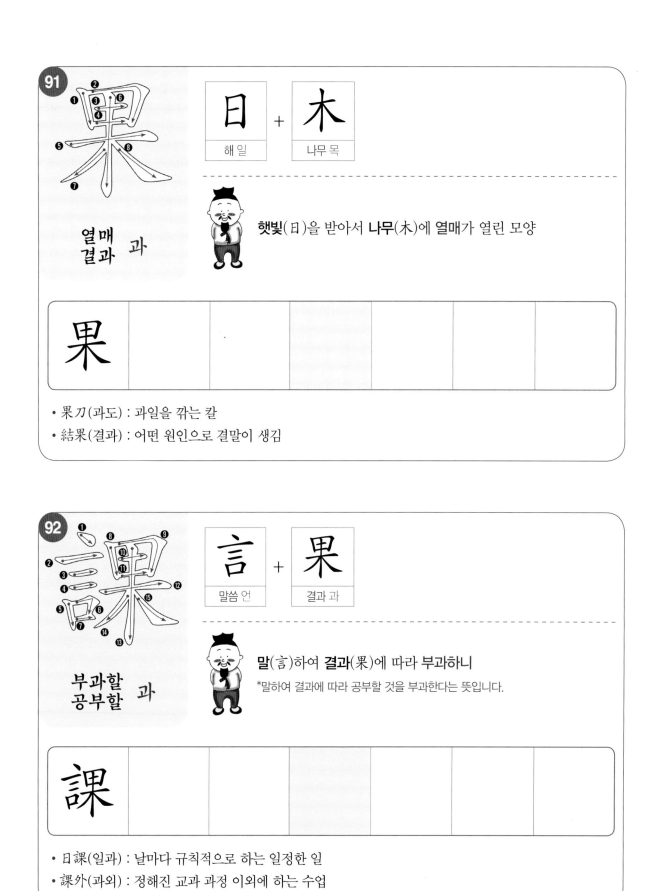

91

열매
결과 과

日 (해 일) + 木 (나무 목)

햇빛(日)을 받아서 **나무**(木)에 열매가 열린 모양

果

• 果刀(과도) : 과일을 깎는 칼
• 結果(결과) : 어떤 원인으로 결말이 생김

92

부과할
공부할 과

言 (말씀 언) + 果 (결과 과)

말(言)하여 **결과**(果)에 따라 **부과하니**

*말하여 결과에 따라 공부할 것을 부과한다는 뜻입니다.

課

• 日課(일과) : 날마다 규칙적으로 하는 일정한 일
• 課外(과외) : 정해진 교과 과정 이외에 하는 수업

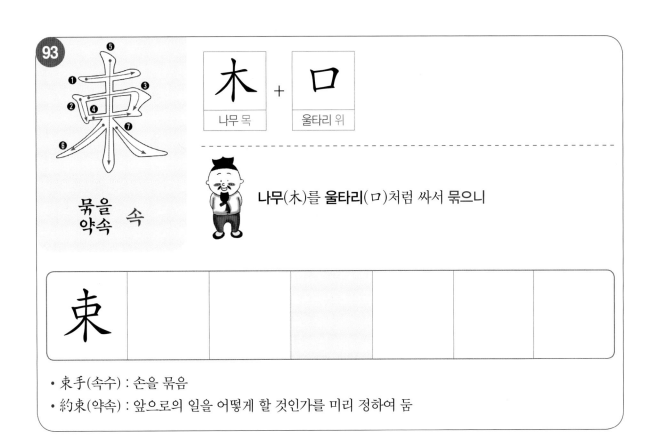

93

묶을
약속 속

木 (나무 목) + 口 (울타리 위)

나무(木)를 울타리(口)처럼 싸서 묶으니

束

• 束手(속수) : 손을 묶음
• 約束(약속) : 앞으로의 일을 어떻게 할 것인가를 미리 정하여 둠

94

빠를 속

束 (약속 속) + 辶 (뛸 착)

약속(束) 시간에 맞추려고 뛰면(辶) 빠르니

*약속 시간에 맞추려고 빠르게 뛴다는 뜻입니다.

速

• 速力(속력) : 빠르기
• 速記(속기) : 빨리 적음

95

恒

항상 항

忄	+	一	+	日	+	一
마음 심		하늘 일		해 일		땅 일

마음(忄)이 하늘(一)에서 해(日)가 땅(一)에 비추듯 항상 따뜻하니

恒						

• 恒性(항성) : 늘 한결같은 성질
• 恒心(항심) : 늘 지니고 있는 떳떳한 마음

알림마당

알맞게 연결하세요.

果 •

課 •

束 •

速 •

恒 •

• 빠를 속

• 항상 항

• 열매 과

• 묶을 속

• 부과할 과

낙서판

96

곧을
바를 직

十 (많을 십) + 目 (눈 목) + ㄴ (숨을 혜)

많은(十) 눈(目)이 보고 있으면 **숨기지도(ㄴ)** 못해 곧고 바르게 사니

*많은 사람들이 지켜보면 숨기지도 못하니 곧고 바르게 살아야 한다는 뜻입니다.

直

• 直線(직선) : 곧은 선
• 正直(정직) : 바르고 곧음

97

심을 식

木 (나무 목) + 直 (곧을 직)

나무(木)를 곧게(直) 심으니

植

• 植木(식목) : 나무를 심음
• 植物(식물) : 나무와 풀처럼 심어져 있는 물건

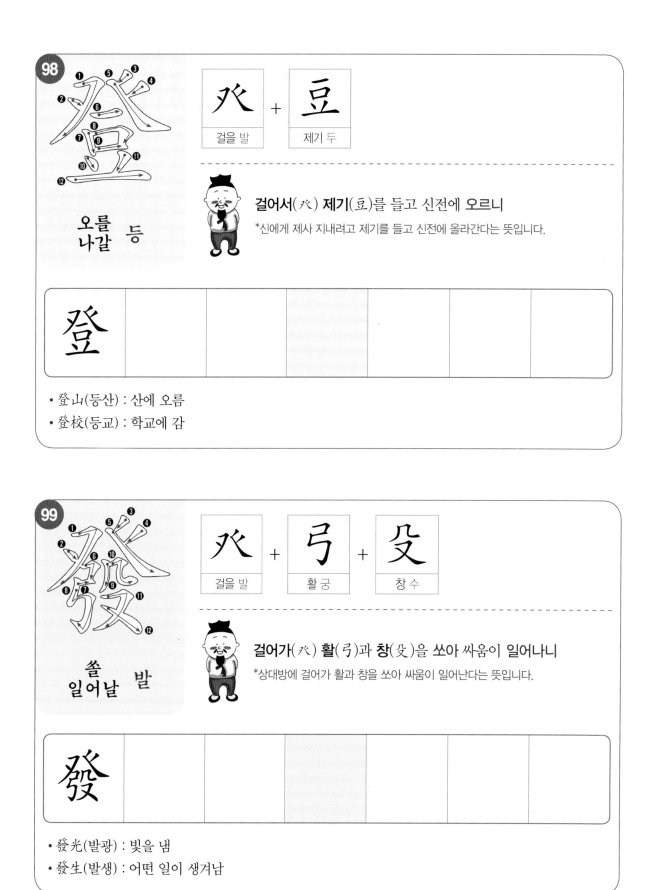

98

登

오를
나갈 등

癶	+	豆
걸을 발		제기 두

걸어서(癶) 제기(묘)를 들고 신전에 오르니

*신에게 제사 지내려고 제기를 들고 신전에 올라간다는 뜻입니다.

登						

- 登山(등산) : 산에 오름
- 登校(등교) : 학교에 감

99

發

쏠
일어날 발

癶	+	弓	+	殳
걸을 발		활 궁		창 수

걸어가(癶) 활(弓)과 창(殳)을 쏘아 싸움이 일어나니

*상대방에 걸어가 활과 창을 쏘아 싸움이 일어난다는 뜻입니다.

發						

- 發光(발광) : 빛을 냄
- 發生(발생) : 어떤 일이 생겨남

100

별 성

日 + 生

해 일   날 생

해(日)처럼 빛이 나는(生) 별

星					

- 行星(행성) : 해의 둘레를 돌아다니는 별
- 恒星(항성) : 항상 같은 곳에서 빛나는 별

알림마당

알맞게 연결하세요.

直 •

植 •

登 •

發 •

星 •

• 심을 식

• 쏠 발

• 별 성

• 오를 등

• 곧을 직

낙서판

111

♣ 한자 밑에 뜻과 음을 쓰고, 빈 ( )에는 알맞은 부수를 쓰세요.

果
( )

햇빛( )을 받아서 **나무**( )에 열매가 열린 모양

課
( )

말( )하여 **결과**( )에 따라 부과하니

束
( )

나무( )를 **울타리**( )처럼 싸서 묶으니

速
( )

약속( ) 시간에 맞추려고 **뛰면**( ) 빠르니

恒
( )

마음( )이 **하늘**( )에서 **해**( )가 **땅**( )에 비추듯 항상
따뜻하니

直
( )

많은( ) 눈( )이 보고 있으면 **숨지도**( ) 못해 곧고 바르게 사니

植
( )

나무( )를 **곧게**( ) 심으니

登
( )

걸어서( ) 제기( )를 들고 신전에 오르니

發
( )

걸어가( ) 활( )과 **창**( )을 쏘아 싸움이 일어나니

星
( )

해( )처럼 빛이 **나는**( ) 별

♣ 숫자 순서대로 부수를 결합하여 한자를 만들고 옆에 뜻과 음을 쓰세요.

① 日	② 木	③ 言	④ 果	⑤ 口	⑥ 束	⑦ 辶
⑧ 忄	⑨ 一	⑩ 日				

91. ① + ② =

92. ③ + ④ =

93. ② + ⑤ =

94. ⑥ + ⑦ =

95. ⑧ + ⑨ + ⑩ + ⑨ =

① 十	② 目	③ 乚	④ 木	⑤ 直	⑥ 火	⑦ 豆
⑧ 弓	⑨ 殳	⑩ 日	⑪ 生			

96. ① + ② + ③ =

97. ④ + ⑤ =

98. ⑥ + ⑦ =

99. ⑥ + ⑧ + ⑨ =

100. ⑩ + ⑪ =

♣ 다음 한자어의 독음을 쓰세요.

果 刀	結 果	日 課
課 外	束 手	約 束
速 力	速 記	恒 性
恒 心	直 線	正 直
植 木	植 物	登 山
登 校	發 光	發 生
行 星	恒 星	

♣ 다음 한자어를 한자로 쓰세요.

_____
열매 과   칼 도

_____
맺을 결   결과 과

_____
날 일   부과할 과

_____
공부할 과   바깥 외

_____
묶을 속   손 수

_____
약속할 약   약속 속

_____
빠를 속   힘 력

_____
빠를 속   기록할 기

_____
항상 항   성품 성

_____
항상 항   마음 심

_____
곧을 직   줄 선

_____
바를 정   곧을 직

_____
심을 식   나무 목

_____
심을 식   물건 물

_____
오를 등   산 산

_____
나갈 등   학교 교

_____
일어날 발   빛 광

_____
일어날 발   날 생

_____
다닐 행   별 성

_____
항상 항   별 성

115

♣ 아래의 빈칸에 한자는 뜻과 음을, 뜻과 음은 한자를 쓰세요.

81~100번
형성평가

紙	線	結	終	級
約	的	系	孫	末	果
課	束	速	恒	直	植
登	發	星		종이 지	줄 선
맺을 결	마칠 종	등급 급	맺을 약	과녁 적	이어 맬 계
손자 손	끝 말	열매 과	부과할 과	묶을 속	빠를 속
항상 항	곧을 직	심을 식	오를 등	쏠 발	별 성

116

종합
평가

뜻과 음은
한자를 쓰세요.

빈칸에 한자는
뜻과 음을

示	社	祝	視	禁	介
界	非	悲	功	立	童
音	意	億	章	支	技

投	事				
			신 시	모일 사	빌 축

살필 시	금할 금	낄 개	경계 계	아닐 비	슬플 비

공 공	설 립	아이 동	소리 음	뜻 의	억 억

글 장	가를 지	재주 기	던질 투	일 사	

118

兒	光	元	完	院	所
近	新	親	勿	寺	等
時	待	特	物	才	材
財	算		아이 아	빛 광	으뜸 원
완전할 완	집 원	곳 소	가까울 근	새 신	어버이 친
없앨 물	절 사	무리 등	때 시	기다릴 대	특별할 특
물건 물	재주 재	재목 재	재물 재	셈 산	

			衣	表	袁
遠	園	行			
			옷 의	겉 표	옷 챙길 원

衣	表	袁	遠	園	行
街	知	短	失	令	命
冷	領	順	根	銀	限
恨	班				

			옷 의	겉 표	옷 챙길 원
멀 원	동산 원	다닐 행	거리 가	알 지	짧을 단
잃을 실	명령할 령	명령할 명	찰 랭	거느릴 령	순할 순
뿌리 근	은 은	한정 한	한 한	나눌 반	

求	球	救	改	放	數
乍	作	昨	別	由	油
曲	農	豊	禮	體	書
畫	畵		구할 구	공 구	구원할 구
고칠 개	놓을 방	셈 수	잠깐 사	지을 작	어제 작
나눌 별	까닭 유	기름 유	굽을 곡	농사 농	풍성할 풍
예도 례	몸 체	글 서	낮 주	그림 화	

紙	線	結	終	級	約
的	系	孫	末	果	課
束	速	恒	直	植	登
發	星		종이 지	줄 선	맺을 결
마칠 종	등급 급	맺을 약	과녁 적	이어 맬 계	손자 손
끝 말	열매 과	부과할 과	묶을 속	빠를 속	항상 항
곧을 직	심을 식	오를 등	솔 발	별 성	

한자를 나누고 자원을 쓰면서 공부하는
마법 술술한자 시리즈!

• 새로운 뜻과 새로운 모양의 마법 술술한자 부수로 이해하기 쉽게 자원 풀이를 하였습니다.

• 한자를 나누고 자원을 쓰면서 공부하면 만들어진 원리를 이해하여 쉽게 익힐 수 있습니다.

• 자원 풀이를 보면서 쓰기 연습을 하고, 모양이 비슷한 한자들을 비교하며 공부할 수 있습니다.

• 다양한 확인학습, 50자 단위의 형성평가, 끝에는 종합평가를 두어 실력을 점검할 수 있습니다.

• 풍부한 보충설명 및 다양한 형식의 평가로 개별 학습이 용이하여 선생님이 편합니다.

• 문장을 통하여 단어를 익히도록 예문을 실었으며, 8급과 7급은 한자카드를 수록하였습니다.

중앙에듀북스 Joongang Edubooks Publishing Co.
중앙경제평론사 | 중앙생활사 Joongang Economy Publishing Co./Joongang Life Publishing Co.

중앙에듀북스는 폭넓은 지식교양을 함양하고 미래를 선도한다는 신념 아래 설립된 교육 · 학습서 전문 출판사로서 우리나라와 세계를 이끌고 갈 청소년들에게 꿈과 희망을 주는 책을 발간하고 있습니다.

초등 교과서 한자

초판 1쇄 발행 | 2017년 2월 18일
초판 2쇄 발행 | 2022년 10월 15일

지은이 | 박두수(DuSu Park)
펴낸이 | 최점옥(JeomOg Choi)
펴낸곳 | 중앙에듀북스(Joongang Edubooks Publishing Co.)

대   표 | 김용주
편   집 | 한옥수 · 백재운 · 용한솔
디자인 | 박근영
인터넷 | 김회승

출력 | 삼신문화   종이 | 한솔PNS   인쇄 | 삼신문화   제본 | 은정제책사

잘못된 책은 구입한 서점에서 교환해드립니다.
가격은 표지 뒷면에 있습니다.

ISBN 978-89-94465-35-7(63700)

등록 | 2008년 10월 2일 제2-4993호
주소 | ⓦ 04590 서울시 중구 다산로20길 5(신당4동 340-128) 중앙빌딩
전화 | (02)2253-4463(代) 팩스 | (02)2253-7988
홈페이지 | www.japub.co.kr 블로그 | http://blog.naver.com/japub
네이버 스마트스토어 | https://smartstore.naver.com/jaub 이메일 | japub@naver.com
♣ 중앙에듀북스는 중앙경제평론사 · 중앙생활사와 자매회사입니다.

도서
주문
www.**japub**.co.kr
전화주문 : 02) 2253 - 4463

중앙에듀북스/중앙경제평론사/중앙생활사에서는 여러분의 소중한 원고를 기다리고 있습니다. 원고 투고는 이메일을 이용해주세요. 최선을 다해 독자들에게 사랑받는 양서로 만들어드리겠습니다. **이메일** | japub@naver.com